오늘의 상처를
내일은 간증하라

오늘의 상처를 내일은 간증하라!

초판 발행 펴냄 2014년 9월 20일
초판 9쇄 찍음 2019년 12월 30일

지 은 이 안호성
펴 낸 곳 수엔터테인먼트
발 행 인 최남철
디 자 인 엔터디자인 홍원준
총   판 생명의 말씀사

출판등록 제 2004-8호
주   소 서울시 중랑구 망우본동 134-5
전   화 010-9194-3215

ISBN 978-89-960762-8-1

값 12,000원

이책은 수엔터테인먼트사가 저작권자와의 계약에 따라 발행한 것이므로
이 책의 내용을 이용하시려면 반드시 저자와 본사의 허락을 받아야 합니다.
잘못된 책은 구입처에서 교환하여 드립니다.

안호성목사의 성도의 위기탈출대응 메뉴얼

안호성 지음

수엔터테인먼트

• 머리말

  이 책은 2012~2013년 주일강단에서 〈엘리사의 위기탈출 시리즈〉라는 제목으로 6개월(24주) 동안 진행되었던 설교를 정리한 것입니다. 2014년 전반기 세월호 침몰과 수많은 악몽 같은 사건 사고들을 바라보며 이 시대 성도들에게도 영적 위기의 순간을 이겨 낼 신앙적 대응 매뉴얼이 준비되어야겠다는 생각으로 부족하고 부끄럽지만 또 한 권의 책을 세상에 내놓게 되었습니다.
  책의 제목처럼 누군가의 오늘의 상처가 내일의 간증이 되길 간절히 바라며 이 책이 당신의 문제거리, 염려거리를 간증거리로 변하게 하는 도화선이 되고, 위기와 고통 속에 있는 자들의 영적 비상구가 되길 간절히 소망합니다. 엘리사라는 전대미문의 하나님의 종은 그 사역의 현장에 수많은 위기와 아픔이 있었지만 그 위기와 고통을 잘 이겨 내고 극복함으로 인하여 그 슬픔의 수만큼 하나님의 능력을 간증하는 간증의 숫자가 되었습니다.
  이 글을 읽는 당신의 아픔과 슬픔이 많음도 하나님의 영광을 드높일 간증의 기회를 많이 주심이라 믿어 의심치 않습니다!

  문제를 해결하는 여러 가지 삶의 지혜와 방법들이 홍수처럼 쏟아지고 있지만 우리 성도들은 신앙의 방법으로, 하나님이 주신 능력으로만 그 문제들을 해결하여, 문제와 아픔이 그냥 문제와 아픔으로 마무리되거나 깊은 상처로 인생의 흉터 되지 아니하고 오히려 아름다운 간증으로 하나님의 영광을 드높이는 기회가 되길 축복합니다.

바쁜 목사는 나쁜 목사라 하는데 늘 바쁜 이 나쁜 목사 위해 쉼 없이 기도해 주시고 응원해 주시는 우리 울산 온양순복음교회 모든 성도들에게 이 공간을 빌어 감사의 마음을 전합니다.

복음의 불모지 같은 가정에서 아름다운 신앙의 꽃을 피워 믿음의 유산으로 상속해 주신 아버지 안봉규 목사님, 어머니 주한나 사모님, 그리고 백지은 사모, 안드레, 안성주, 안나에게 고마운 마음 전합니다.

부족한 종 아껴 주시는 존경하고 사랑하는 귀한 사자 목사님들과 늘 든든한 응원군 최남철 피디님, 그리고 물맷돌선교회 가족들 늘 고맙습니다.

그리고 부족한 종의 설교를 매끄럽게 교정하고 편집해 주시는 사랑하는 동역자 최명훈 목사님께 감사의 마음 전합니다.

그리고 이 시리즈 설교가 시작된 이유였던 지금은 천국에 계신 우화신 집사님 늘 그리워하고 있습니다.

이 모든 영광 하나님께 올려 드립니다. 하나님 예수님 성령님 사랑합니다!

2014년 가을이 오는 문턱에서
안호성 목사

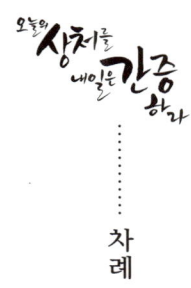

차례

머리말 _ 04

위기를 어떻게 볼 것인가? _ 11

　　불신 _ 13
　　원망 친구, 불평 _ 16
　　위기는 기회다 _ 21
　　영적 레이더로 보면 _ 24
　　시각장애인의 소원 _ 29

성도의 위기탈출 대응 매뉴얼 Ⅰ _ 33

　　최후의 전쟁물자 _ 35
　　기도로 공격하라 _ 42
　　천 명의 꿈 _ 47
　　최고 지휘관의 명령을 들어라 _ 53
　　희망을 쏴라 _ 57
　　가진 것이 없는 것이 아니라 잃을 것이 없는 것이다 _ 62
　　잃을 것이 없는 자의 담대함 _ 64
　　위기가 주는 냉정함 _ 66
　　새로운 복이 필요한 것이 아니라 지금의 복을 누려라 _ 69
　　난 움직이나 하나님의 말씀은 안 움직인다 _ 74

도끼는 잃어버려도 확신은 잃어버리지 말라 _ 78
교회에도 위기가 오다 _ 85
치명적 약점은 건드리지 말라 _ 90
권위에 대한 친밀감을 가져 보라 _ 93

성도의 위기탈출 대응 매뉴얼 Ⅱ _ 97

위기탈출은 회개로부터 _ 99
회개의 탈출구를 이용하라 _ 103
꿈을 잃어버린 위기에서 탈출하라! _ 110
꿈을 장전하고 불을 발사하라 _ 115
영적 권위를 가까이 하라 _ 121
사명의 강, 도하작전 _ 123
긍정적 영성을 모방하라 _ 125
성령의 감동으로 진군하라 _ 129
누리는 복이 진정한 내 것이다 _ 132
분노를 다스리는 자가 세상을 얻는다 _ 136

위기탈출의 기술들 _ 143

단순함이 해결의 열쇠다 _ 145
단순하라, 그래야 축복이 시작된다 _ 149
감사가 기적을 부른다 (1) _ 156
감사가 기적을 부른다 (2) _ 159
문제의 근원을 해결하라 _ 164
소금을 던져라 _ 168
강점으로 승부하라 _ 170
존중의 힘 _ 171
당신이 만나고 싶은 바로 그 사람 _ 173
주의 종 _ 176
순종할 때 기적 시스템은 가동된다 _ 180
오늘만 최선을 다하자 _ 184

위기에 맞선 사람들 _ 191

2000억의 선행 _ 193
선행 저축의 결과 _ 197
천국의 사냥개 _ 200
희망의 단서가 되는 사람 (1) _ 208
희망의 단서가 되는 사람 (2) _ 212
위기탈출 넘버원들 _ 215
에브라함 _ 217
요셉 _ 218

위기탈출 후 생각해 볼 일들 _ 221

축복의 종착역은 나눔역 _ 223
나누어야 할 기적 - 구원 _ 229
소년이여! 말씀을 가져라 _ 235
고난 없이 영광도 없다 _ 239
나는 죽고 주는 살고 _ 245
죽어야 이뤄지는 하나님의 뜻도 있다 _ 249

위기를 어떻게 볼 것인가?

오늘 당신의 슬픔과 상처를 흉터로 만들지 말고
영롱한 진주 같은 내일의 무늬로 만들어라!

오늘의 상처를 내일은 간증하라

불신

이스라엘에 절망적인 위기가 다가왔다. 아람군대의 침공으로 사마리아성은 포위되었고 모든 백성들은 굶어 죽을 위기에 처했다. 여호람왕이 형식적이나마 회개하여 위기탈출의 기회를 겨우 잡은 이스라엘은 한 줄기 희망의 빛을 보게 된다. 엘리사를 통하여 내일 이맘때에 기적처럼 모든 사마리아성의 문제가 해결될 것이라는 말씀이 선포되었다.

엘리사가 이르되 여호와의 말씀을 들을지어다 여호와께서 이르시되 내일 이맘때에 사마리아 성문에서 고운 밀가루 한 스아를 한 세겔로 매매하고 보리 두 스아를 한 세겔로 매매하리라 하셨느니라 -왕하 7:1-

전쟁 중이라 경제가 망가지니 부정한 동물 당나귀의 하급 부위인 머리통 하나도 은 팔십 세겔(320일치 품삯)에 팔리고, 초라하고 작은 곡식 알갱이(비둘기 똥) 0.3리터(1/4갑. 1갑은 약1.2리터)가 은 다섯 세겔(20일치 품삯)에 팔리며, 배고픔에 미쳐서 자기 자식조차 잡아먹는 참혹한 상황이다. 그런데 갑자기 하루 만에 이 문제들이 해결된다는 엘리사의 선포에 백성들은 놀라지 않을 수 없었다. 어찌 내일이면 고운 밀가루 한 스아(7.3리터)가 1세겔에 거래된단 말인가? 이것은 곧 식량 문제가 완전하게 해결된다는 말이 아닌가?

그러나 이런 희망과 비전의 선포에도 사람들은 쉽게 믿지 못한 채 여전히 굶어 죽어 가고 있다. 우리의 모습이 이렇지 않은가? 저주와 불길한 말에는 잘 휩쓸리고 마음을 빼앗기면서도 오히려 희망과 긍정, 비전과 회복의 말씀은 불신한다.

불신, 이것이 바로 우리의 악한 본성이다.

중국의 한 농부가 농사를 짓기 위해 씨앗을 사다가 밭에 뿌렸다. 그런데 하루가 지나고 이틀이 지나도 싹이 나지 않는 것이었다. 알고 보니 씨앗은 가짜였다. 낙담한 농부는 홧김에 죽으려고 옆에 있던 농약을 마셨다. 다음 날 아침, 농부는 잠에서 깼다. 농약도 가짜였던 것이다. 마음을 추스른 농부는 다시 마음을 잡고 농사에 전념하기로 했다. 모든 것을 다 잊고 다시 출발하는 의미로 술을 사다가 동네 사람들을 모아 잔치를 벌였다. 다음 날 동네 사람들 전부가 죽었다. 술이 가짜였던 것이다. 울 수도 웃을 수도 없는 이 이야기는 불신이 야기한 시대를 잘 대변해 주고 있다.

사람은 긍정적인 것에는 잘 부딪히고 충돌하면서도 부정적인 것은 잘 흡수하고 받아들인다.

A.W. 토저(Tozer)는 '지옥 가는 길은 연습이 필요 없다'고 말했다. 내 본성대로, 내 끌리는 대로, 내 마음 가는대로 살아가면 반드시 악하고 부정적인 방향으로 흐르게 마련이다.

선한 길이란 내 본성이나 본능과의 엄청난 저항과 부딪힘에 직면하며 몸부림 치고 가야 하는 길이다. 마치 연어가 강한 물살을 헤치고 거꾸로 오르듯, 자기 살갗이 다 찢어져 너덜너덜해지는 고통 속에서 물살을 헤치고 나아가 산란을 하는 것과 같다. 우리는 이렇게 불신의 시대에 순응하여 떠내려가는 인생이 되지 말고 불신의 시대를 극복하고 저항하여 거슬러 올라가는 자들이 되어야 축복을 받는다.

간단한 예를 들어 보자. 새벽기도를 하겠다고 마음먹으면 반드시 충돌이 있고 시험이 있다. 가만히 잘만 자던 남편이 새벽에 깨서 화를 내기도 하고, 지난 밤 늦게 잠 못 잘 일이 생기기도 한다. 십일조를 드리려고 결심해 보라. 생각지도 않은 곳에 지출이 생기거나, 십일조를 하기 어려운 상황을 만나기도 한다. 주일성수를 결심하고 참된 예배자가 되려 하면 친척이 찾아온다. 군대 간 아들이 면회 오라고 한다. 딸아이가 출산할 때가 되었다고 급히 올라오라고 한다. 갑자기 멀쩡하던 아버지 어머니가 입원했다고 연락이 온다. 수많은 상황들이 주일성수를 하기 힘든 상황으로 몰아간다.

이것을 이겨 내야 진정한 예배의 행복, 신앙의 기쁨을 누리는 주인공이 될 수 있다. 이제 앞으로의 우리 인생은 긍정과 희망의 말씀을 잘 받아들이고 순종하여 복받는 자들이 되어야 할 것이다. 이 불신의 시대, 암울한 시대에 희망의 증표요, 간증거리 되는 인생이 되기를 간절히 축원한다.

원망 친구, 불평

> 엘리야를 볼 때에 아합이 그에게 이르되 이스라엘을 괴롭게 하는 자여 너냐 - 왕상 18:17 -

오늘, 성경 본문에서 갑자기 그는 이 모든 절망적 상황을 엘리사에게 돌리고 저주하기 시작한다. "이스라엘을 괴롭게 하는 자여 너냐?" 우리들의 모습이 아닌가? 신앙 안에서 자신의 죄를 찾지 못하면, 결국 어려울 때마다 목회자에게 비난의 화살을 돌리고 목회자에게 대적한다. 이러한 고질적 잘못을 버려야 한다. 그리고 이 모습을 자녀에게 절대로 보이지 말아야 한다. 지면에도 옮기기 민망한 일이지만 교회에 중직으로 있던 자가 주의 종의 멱살을 잡는 것을 그 아들이 보았다. 그 아들은 자라서 중요한 직분자가 되었지만 교회에 오는 목사님을 내쫓는 선봉에 서는 사람이 되었다. 여호람의 부모가 바로 그 악한 왕 아합과 이세벨이다. 그들의 삶도 마찬가지였다. 부모가 한 것을 그대로 보고 대물림한 것이다. 당시에는 모든 좋지 않은 상황의 탓을 주의 종에게 돌리는 못된 버릇이 있었다.

> 엘리야를 볼 때에 아합이 그에게 이르되 이스라엘을 괴롭게 하는 자여 너냐
> 그가 대답하되 내가 이스라엘을 괴롭게 한 것이 아니라 당신과 당신의 아버지의 집이 괴롭게 하였으니 이는 여호와의 명령을 버렸고 당신이 바알들을 따랐음이라
> 이세벨이 사신을 엘리야에게 보내어 이르되 내가 내일 이맘때에는 반드시 네 생명을 저 사람들 중 한 사람의 생명과 같게 하리라 그렇게 하지 아니하면 신들이 내게 벌 위에 벌을 내림이 마땅하니라 한지라 -왕상 18:17~19-

이런 가문은 반드시 망한다. 영적으로 처참한 최후를 맞이하게 된다. 오늘 이 말씀이 바로 축복의 말씀이요 기회란 사실을 깨달아야 한다. 또한 은혜를 기억해야 한다. 3년 반 동안 비가 내리지 않던 메마른 땅에 간절한 기도로 비를 내리게 한 엘리야가 있었다. 하지만 이세벨은 자신의 혼수품 바알과 아세라 선지자 850명을 죽인 엘리야만 저주하며 그를 반드시 잡아 죽일 것을 맹세한다.

여호람도 마찬가지였다. 열왕기하 6장 전반부에 보면 도단성을 포위한 아람군대의 이야기가 나온다. 바로 엘리사가 적군 아람군대의 공격정보와 정황을 왕에게 모두 미리 알려 주었다. 그들이 절대 싸움에서 이길 수 없게 되자 도리어 엘리사를 죽이려 하였다.

여호람왕은 엘리사에게 큰 도움과 영적 이끎을 받았던 사람이었다. 그러나 삶의 위기와 문제만 찾아오면 그 모든 은혜는 모두 잊은 채 주의 종을 공격하고 배반하는 것을 본다. 이것은 흡사 이스라엘 백성들이 겨우 노예생활에서 해방시키고 애굽땅에서부터 구출해 준 지도자 모세를 원망하는 것과 같다.

사탄마귀는 가장 먼저 지도자를 공격한다.
리더를 공격한다. 리더가 쓰러지면 오합지졸이 되기 때문이다.
은혜를 잃어버리면 가장 먼저 지도자를 원망한다.
어디를 가도 이러한 원리는 변함이 없다.
출애굽여정 중의 이스라엘 백성은 지도자 모세와 아론을 통해 수많은 기적을 체험했고, 수많은 위기를 모면했다. 그러나 조금만 시련이 찾아오고 부족함이 생기면, 그때마다 하나님의 종 모세와 아론을 공격하고 대적하다 스스로 광야에서 죽어 갔다. 결국 출애굽한 사람들 중 여호수아와 갈렙 외에 그 어떤 사람도 가나안 땅에 들어가지 못했다. 광야에서 태어난 자손들만 가나안땅에 들어갔다.

불평과 원망은 전염성이 매우 강하다. 귤 상자에서 귤 하나가 곰팡이가 피기 시작하면 순식간이다. 주변에 있는 귤부터 곰팡이가 피며

썩기 시작한다. 발견 즉시 제거하지 않으면 귤 상자는 순식간에 썩어 버리게 된다. 한 사람이 하는 불평의 말 한마디가 멸망의 도화선이 된다. 주변에 불평과 원망하는 똑똑한(?) 사람이 있다면 빨리 자리를 뜨는 것이 좋다. 당신도 그렇게 되는 건 순식간의 문제이기 때문이다. 교회에서 어떤 일을 하자고 하면 "No!"만 하는 사람이 있다. 무슨 말을 하면 꼭 "그건 아니죠.", "꼭 해야 됩니까?", "해 봐야 소용없어요!" 이렇게 반기를 드는 사람이다. 추운 겨울날 전도 나가자고 하면 "나가 봐야 소용없어요, 지나가는 사람도 없는데요."라고 한다. 자신의 자녀를 잃어버렸을 때 추운 겨울날이라고 찾기를 포기하고 따뜻한 방구석에 앉아 있을 사람은 없다. 하나님의 일은 때로는 우리가 생각하는 것과는 많이 다르다.

똑똑한 것 같아도 이 사람의 깊은 뿌리에는 원망과 불평이 오염되어 있기 때문에 반기를 드는 것이다. 인생이 원망이고 불평이다. 그가 볼 때 세상은 편하지 않다. 교회도 자신이 생각할 때 옳은 것 같지 않다. 이런 사람이 당회에 들어가고 중직을 맡게 되면 교회는 편안할 날이 없다. 바람 잘 날이 없다.

진주는 상처와 아픔에서 탄생된다. 조개가 자신의 연한 살을 아프게 하는 모래를 끝까지 뱉어 내지 않은 채 끝까지 인내하고 품을 때 진주가 된다. 그러나 우리가 아픔과 절망과 슬픔 중에도 불평과 원망을 쏟아내고 뱉어 내면 그것은 그냥 처참한 흉터가 된다. 소망을 품고 내일의 아름다움을 믿고 인내하면 결국 진주의 영롱한 빛으로 그 가치를 인정받게 된다.

청소년 캠프에 대한 나의 비전이 있다. 슬픔과 상처를 들추고 그것에 집중하는 것이 아니라 꿈과 희망, 소망을 바라보고 어둠 속에서도 그것들을 찾아내는 방법을 훈련시키고 독려하는 것이다. 청소년들은 한국교회의 미래다. 우리의 미래다. 아니, 하나님의 교회의 미래다! 이들이 바로 서지 못하면, 이들이 회복되지 못하면, 이들이 원망과 불평의 유혹에서부터 벗어나지 못하면 한국교회에 미래는 없다. 이들을 돕고, 이들을 회복시키고, 이들에게서 소망을 찾게 하는 것이 우리의 비전이다.

상처에만 집착하면 그 상황에서 절대 빠져나오지 못한다. 상처는 내가 이해하지 못하는 미숙함의 표현이지 그것은 곧 은혜요 축복이었노라고 고백하게 만드는 것이 목표이다. 이렇게 가르치는 것이 성경적이고 나의 목회관과도 일치한다.

오늘 당신의 슬픔과 상처를 흉터로 만들지 말고
영롱한 진주 같은 내일의 무늬로 만들어라!

위기는 기회다

지금까지 엘리사를 통해 살펴본 것은 모두 위기였다. 적군에게 포위당하고, 물질의 빈곤에 포위당하고, 인간관계의 단절에 포위를 당하는 등 위기의 연속이었다.

꿈도 희망도 없는 사람에게 미래는 없다. 그러나 꿈이 있고 비전이 있는 사람의 미래는 가슴 벅차다. 때때로 나에게 맡겨진 너무나도 버겁고 위대한 사명과 비전으로 인해 또 다른 위기감을 느낀 적이 있는가?

엘리사의 처지가 그렇다. 전대미문의 종 엘리야를 뒤에서 섬기고 보필하던 엘리사는 이제 그 스승의 뒤를 이어 하나님의 위대한 사역을 감당하고 시대를 깨우는 하나님의 종으로 홀로서기를 해야 했다. 그에게 맡겨진 막중한 사명에 큰 위기감을 넘어 공포감을 느꼈을 것이다. 가나안 정복의 최선봉에 서야 했던 여호수아도 똑같은 경험을 했다. 여호수아 1장 1절은 이렇게 시작한다.

> 여호와의 종 모세가 죽은 후에 여호와께서 모세의 수종자 눈의 아들 여호수아에게 말씀하여 이르시되 –여호수아 1:1–

'모세가 죽은 후에…' 이렇게 여호수아서는 시작된다. 넘을 수 없는 벽 같던 모세가 죽었다. 믿기지 않는 현실이다. 그가 앞에서 외치고 이

끝면 이스라엘 백성들은 어떠한 역경도 거짓말처럼 이겨 낼 수 있었다. 온유의 상징, 마음이 따뜻하고 이스라엘 백성을 자기 생명보다도 더 끔찍이 사랑했던 모세가 죽은 것이다. 그때에 하나님께서는 여호수아에게 바로 이어서 말씀하신다. 좀 길어도 끝까지 읽어 주시기 바란다.

내 종 모세가 죽었으니 이제 너는 이 모든 백성과 더불어 일어나 이 요단을 건너 내가 그들 곧 이스라엘 자손에게 주는 그 땅으로 가라 내가 모세에게 말한 바와 같이 너희 발바닥으로 밟는 곳은 모두 내가 너희에게 주었노니 곧 광야와 이 레바논에서부터 큰 강 곧 유브라데 강까지 헷 족속의 온 땅과 또 해 지는 쪽 대해까지 너희의 영토가 되리라 네 평생에 너를 능히 대적할 자가 없으리니 내가 모세와 함께 있었던 것같이 너와 함께 있을 것임이니라 내가 너를 떠나지 아니하며 버리지 아니하리니 강하고 담대하라 너는 내가 그들의 조상에게 맹세하여 그들에게 주리라 한 땅을 이 백성에게 차지하게 하리라 오직 강하고 극히 담대하여 나의 종 모세가 네게 명령한 그 율법을 다 지켜 행하고 우로나 좌로나 치우치지 말라 그리하면 어디로 가든지 형통하리니 이 율법책을 네 입에서 떠나지 말게 하며 주야로 그것을 묵상하여 그 안에 기록된 대로 다 지켜 행하라 그리하면 네 길이 평탄하게 될 것이며 네가 형통하리라 내가 네게 명령한 것이 아니냐 강하고 담대하라 두려워하지 말며 놀라

지 말라 네가 어디로 가든지 네 하나님 여호와가 너와 함께하
느니라 하시니라 —여호수아1:2~9—

얼마나 힘이 되고 능력이 되는 말씀인가! 하나님은 이스라엘 백성들을 이끌고 가나안 땅을 점령하라고 명령하신다. 그리고 모세에게 함께하셨던 그대로 하나님께서도 그대로 함께하시겠다고, "강하고 담대하라!"고 반복하신다.

때로는 하나님께서 허락하신 위대하고 거룩한 비전과 사명 앞에서 움츠러들 수 있다. 모세 같은 지도자를 잃었을 때 좌절할 수 있다. 연약하고 미련하기 그지없는 우리들은 당연히 이럴 때 울어야 한다. 위기감을 느껴야 정상이며 고통스러움은 지극히 자연스러운 것이다.

2006년 어느 날 과로로 쓰러져 병원에 입원해 있던 중 온양순복음교회를 위해 기도하는데 하나님께서 '천 명의 비전'을 주셨다. 울산 온양순복음교회가 천 명이 넘는 예배자로 가득 차게 되리라는 놀라운 말씀에 감격했지만, 이 비전을 받고 나서 엄청나게 울었고 고통스러웠다. 이제 재적 성도 1000명을 넘기고 출석성도 1000명, 예배자 1000명이라는 엄청난 비전을 품고 나아가는 울산 온양순복음교회의 현재의 모습이 바로 엘리야의 뒤를 이어야 하는 엘리사의 두려움, 위기감과 닮지 않았는가?

어찌 보면 행복한 위기를 엘리사는 어떻게 극복하고 있는지 본문 속에서 살피기를 원한다. 이제 많은 이들이 임직을 받고 또 사역과 사

명을 허락받을 때, 하나님이 원하심대로 합당하게 반응할 수 있기를 간절히 축원한다.

영적 레이더로 보면

하버드를 우등으로 졸업하고 5개 국어에 능통했던 한 여성이 있었다. 그녀는 들을 수도, 볼 수도, 말할 수도 없었다. 바로 장애를 딛고 일어선 헬렌 켈러(Helen Keller)이다. 그녀는 진정으로 영안이 열린 사람이었다. 그녀는 다음과 같은 말을 남겼다.

"세상에서 가장 아름다운 것들은 눈으로 볼 수도 만질 수도 없다. 하지만 마음으로는 느낄 수 있다. (The best and most beautiful things in the world cannot be seen nor even touched, but just felt in the heart.)"
-Helen Keller-

아직도 육신의 눈으로 보이는 게 전부라고 생각하고 있는가?

실제 문제는 문제가 얼마나 큰가가 아니다. 내 눈이 문제다. 내가 눈을 열어 볼 수 있느냐 없느냐에 달렸다. 영적 레이더를 작동하고 있는가에 달렸다. 오늘 성경 본문에는 도단성을 둘러싼 아람군대가 진을 치고 있다. 사방에서 욱여싸고 있다. 어디 하나 피할 길, 빠져나갈 구멍 하나 없는 절체절명(絶體絶命)의 위기 속에 이스라엘의 생명이 꺼져 가고 있다. 세상의 눈으로 볼 때는 이미 끝난 것이나 다름없다. 그러나 그 동일한 문제에 직면해 있는 두 사람, 즉 선지자 엘리사와 그 사환의 반응은 너무나 극명하게 다르다.

천하태평 엘리사 vs 안절부절 절망하는 사환

무엇의 차이인가? 문제의 크기와 상황은 둘에게 완벽하게 동일하다. 다만 영의 눈을 열어 보는 자와 그렇지 못한 자의 차이가 바로 이런 엄청난 삶의 차이를 보여 주게 되는 것이다.

"영의 눈을 들어 바라보니…
불말과 불병거가 산에 가득하여 엘리사를 둘렀더라"

영적 레이더를 통해 보니 하나님의 군대가 이스라엘을 둘러싸고 있는 것이 엘리사에게도 보였다. 그러나 사환은 볼 수가 없었다. 이제 엘리사에게 그 무엇이 겁이 나겠는가?
영화 〈베어〉에 나오는 명장면이 있다. 퓨마에게 쫓기는 아기 곰의 장면이다. 퓨마와 아기 곰은 상대가 되지 않는다. 힘 하나 없는 아기 곰은 퓨마에게 잡히면 죽는 것이다. 아기 곰은 필사의 도주를 시작한다. 언덕을 지나 강물에 뛰어든다. 통나무를 타고 도망가지만, 퓨마는 강 아래쪽에서 떠내려 오기만을 떡하니 기다리고 있다. 금방 잡아 먹히기 일보 직전이다. 잠깐의 사투가 이어졌다. 퓨마의 발톱에 그만 아기 곰이 상처를 입는다. 이제 모든 게 끝났다. 그런데 갑자기 퓨마가 놀라서 도망간다. 걸음아 날 살려라 줄행랑을 친다. 왜 그랬을까? 바로 뒤에서 어미 곰이 왔기 때문이다. 어미 곰을 만난 순간 모든 문제가 역전되었다.

눈감은 사람과 눈뜬 사람이 싸우면 누가 이길까? 쿵푸 류의 무협영화에서는 주인공이 눈을 가리고도 적을 물리치지만, 현실은 다르다. 눈뜬 자가 승리한다. 눈먼 사람과 싸움해 봐야 게임이 되겠는가? 이 세상의 모든 싸움은 눈뜬 자의 승리의 역사이다. 엘리사의 기도로 청년 사환의 눈은 열렸고 (17절) 아람군대의 눈은 오히려 어둡게 되었다 (18절). 누가 이기겠는가?

넘지 못할 인생의 골리앗과 같은 문제들을 만났을 때, 대부분의 사람들은 전력을 보강하려 한다. 전술을 개발하려 한다. 하지만 그때는 이미 늦었다. 당장 싸움에서 승리해야 하기 때문이다. 우리는 전력보강과 전술훈련보다 앞서 영적 눈을 열어 볼 수 있어야 한다. 영적인 눈을 여는 작업을 한시도 게을리해서는 안 될 것이다.

우리나라에는 좋은 신앙의 전통이 있다. 바로 특별새벽기도회, 일명 '특새'이다. 한국교회는 늘 기도했다. 새벽기도란 말을 영어로 풀면 'early morning prayer'라고 할 수 있을까. 사실 새벽기도란 고 유명사 자체가 그들에게는 없다. 왜냐하면 외국교회들은 새벽에 기도하지 않기 때문이다. 한국교회만 새벽에 매일 모여 기도한다. 그래서 'SaeByuckGido'란 우리나라 발음을 그대로 사용한 단어로 표현한다.

  기도는 육의 눈을 감고, 영의 눈을 열어 보는 작업이다. 그렇기 때문에 아무리 바쁜 사역 중에라도, 일을 하더라도 기도의 시간을 절대 양보하지 않아야 한다. 종교개혁을 일으켰던 마틴 루터는 거대한 가톨릭과의 싸움에서 지치고 힘들며, 첩첩산중과 같은 고난의 무게가 가중될 때마다, 도리어 기도시간을 늘렸다. 나는 사역을 하면서 기도의 시간을 줄인 적이 없다. 아무리 바빠도 차 안에서 이동하면서, 숙소에서도, 기도의 문을 열었다. 영의 눈을 열어야 살고, 영이 살아야 그리스도인은 살게 된다. 기도하는 사람이 은혜도 있고, 승리도 있다. 기도하는 자가 담대해지기 마련이다. 힘들게 새벽기도에 나와서 기도는 안 하고 자는 사람도 있다. 영적인 깊은 잠에 빠진 모습을 보면 안타깝다. 기도해야 사는데, 기도해야 이기는데, 기도의 자리에는 나왔는데 기도의 눈은 감은 채 조는 모습은 참 안타깝다. 영의 문이 닫혀 있고 영의 눈이 감겨 있기 때문이다. 영안을 열라, 닫힌 기도의 문을 열라, 바로 지금이 기도할 때이다!

  조금씩 알려지기 시작한 말씀 사역이 이젠 걷잡을 수 없을 만큼 커졌다. 작은 교회와 큰 교회에서 요청이 오면 가급적이면 작은 교회를 간다. 하지만 큰 교회도 상황이 되면 간다. 그런데 집회 가면 대형교회들은 너도 나도 할 것 없이 이렇게 질문한다.

"어찌 그리 담대하십니까? 정말 대단하십니다!"

그러면 나는 이렇게 대답한다. "두려울 게 뭐가 있습니까? 하나님께서 함께하시는데!"

당신의 눈은 열려 있는가? 육의 눈만 희번뜩 뜨고 살아가고 있지는 않는가? 세상 돌아가는 이치에만 밝고, 어둠이 역사하는 것만, 정욕에 사로잡힌 것만 보니 항상 두렵고 떨리고 염려되고 걱정되는 것 아닌가?

눈을 열라! 눈을 들라! 이제 눈을 열어 보게 되는 축복을 누려야 한다!

> 롯이 아브람을 떠난 후에 여호와께서 아브람에게 이르시되
> 너는 눈을 들어 너 있는 곳에서 동서남북을 바라보라
> 보이는 땅을 내가 너와 네 자손에게 주리니 영원히 이르리라
> 내가 네 자손으로 땅의 티끌 같게 하리니
> 사람이 땅의 티끌을 능히 셀 수 있을진대 네 자손도 세리라
> 너는 일어나 그 땅을 종과 횡으로 행하여 보라 내가 그것을 네게 주리라
> 거기서 여호와를 위하여 단을 쌓았더라 -창 13:14~18-

육의 눈을 대표하는 그의 조카 롯을 떠났을 때에 비로소 하나님께서는 아브라함에게 '눈을 들어' 약속의 땅을 바라보라고 하신다. 롯이

라는 세상을 떠나야 한다. 그래야 보인다. 창세기 12장 1절에 '너는 본토친척 아비집을 떠나 내가 지시한 땅으로 가라'고 말씀하셨건만 아브라함은 조카 롯을 데리고 갔다. 인정에 매였기 때문이다. 육의 눈으로만 얽혔기 때문이다. 조카는 친척 아닌가? 결국 아브라함은 롯과 함께 숱한 괴로움을 당하게 된다. 눈을 들어 봐야 한다. 마음이 있으면 길이 보인다. 눈이 열린다.

영어로 'attitude'란 단어가 있다. 우리말로 번역하면 '태도, 자세, 마음가짐'이다. 동의어로는 'perspective', 'point of view'가 있다. 사물을 대하는 관점, 집중해서 보는 견해를 뜻한다. 어떤 자세로 있느냐가 보는 것을 결정하는 것이다. 무릎을 꿇는 자세인가? 기도의 자리에 나오고 있는가? 기도하고 있는가? 무릎으로 볼 때 눈이 열리게 되는 것이다. 그리스도인은 기도의 무릎으로 세상을 보기 시작해야 한다.

시각장애인의 소원

영의 눈을 열어 보게 되는 것만큼이나 중요한 것이 있다. 바로 눈을 뜬 자가 보지 못하는 자를 보게 해 주는 사역이다. 청년 사환은 엘리사로 인하여 눈을 열어 보게 되는 축복이 임했다. 영안이 열리자 인생관이 바뀌었다. 삶의 태도가 바뀌었다. 패러다임이 완전히 전환된 것이다. 이전의 삶과는 완전히 다른 삶을 살게 되었다. 이제 제대로 된 정보를 제공하는 것이다.

우리 그리스도인들은 눈이 열린 자들이다. 영원한 생명의 길을 바라본 자들이다. 길이요 진리요 생명이신 예수님을 바라본 자들이다. 그런 사람들의 모임이 바로 교회다. 아직 보지 못하는 자들의 눈을 열어 주고자 하는 공동체가 바로 교회다.

내가 눈뜬 것으로만 만족해서는 안 될 것이다. 이제 내가 내 가족을 눈뜨게 해야 한다. 내 남편을, 내 자녀, 내 이웃을 보게 해 줘야 한다. 내가 거한 이 땅을 눈뜨게 해야 한다. 더 나아가서 대한민국을 눈뜨게 해야 하고, 북한 동포의 눈을 열어 영원한 생명의 길을 보게 해야 한다.

몇 년 전 내 인생에 결코 잊을 수 없는 집회를 인도했다. 바로 전국 시각장애인들의 집회였다. 눈도 보이지 않는 분들이 전국에서 2000명 이상 모였다. 그분들의 소망은 단 한 가지였다. '눈을 뜨게 하옵소서'가 아니었다. "오직 전도! 전도하고 싶다!"고 간절히 부르짖으며 기도하는 모습을 보았다. 영혼의 생명을 잃어버린, 영혼의 소경들의 눈을 뜨게 해 주리라는 강력한 소원이 불타고 있었다. 비록 그분들은 육신의 눈은 볼 수 없지만 영의 눈은 완전히 열려 있는 분들이었다. 생명의 길을 분명히 보았기에 두 눈 멀쩡히 뜨고도 죽음의 길, 절망의 길, 지옥 가는 길로 걸어가는 자들을 인도해야겠다고 이분들이 나섰다. 그런데 우리는 두 눈 시퍼렇게 뜨고, 사지 육신 멀쩡하고도 전도하지 않는다. 이제 눈을 열어 하나님을 바라보자. 하나님께서 주시는 사명의 산지를 바라보자! 하나님 바라보시는 영혼들을 나도 함께 바라보자! 그들의 눈을 열어 보게 해 달라고 함께 기도하자. 엘리사처럼 우리도 집회에 모인 시각장애인들처럼 우리도 간절히 기도하고 일어나야 할 것이다.

지금 우리도 눈을 열어 주님만 바라보는 삼백 명의 새벽기도 용사를 간청하자. 그리고 그 삼백용사로 인하여 눈을 떠 주님을 바라보며 찬양하고 경배하는 1000명의 예배자를 꿈꾸자! 한국의 5만 교회, 5000만 명의 민족 복음화의 꿈을 꾸자! 한 교회가 1000명씩만 책임지면 되는 것 아닌가? 간단하다! 우리 본전은 까먹지 말자. 평균은 갉아먹지 말고 본전은 해 놓고 못 하는 교회들을 도우며 나가자!

성도의 위기탈출 대응 매뉴얼 Ⅰ

당신에게 문제가 있는가?
정신 차려야 한다!
정신 차려야 살 수 있다!
영적으로 깨어라!

최후의 전쟁물자

마귀가 우리를 넘어뜨릴 때 가장 즐겨 사용하는 방법이 있다. 바로 우리에게 아무것도 남아 있지 않다는 절망감과 실망을 안겨 주는 것이다.

"너밖에 없냐? 진짜네, 너밖에 없구나? 너 혼자 뭐 할 수 있는데?"

마귀는 집요하게 공격한다. 좌절에 빠뜨리기 위해 끊임없이 공격한다.

"이제 너 혼자 남았어! 끝이야! 넌 아무것도 할 수 없어!"

엘리야는 바알과 아세라 선지자와 갈멜산에서 850대 1의 싸움에서도 승리한 엄청난 신앙경험의 소유자였다. 그러나 곧바로 추격해 오는 이세벨을 피해 허겁지겁 도망해야 했다. 오로지 살기 위해 도망했다.

갈멜산에서 브엘세바 거리는 대충 잡아도 100km에 달한다. 100km는 쉬지 않고 걸어 삼일길이다. 거기서 하룻길을 더 광야로 갔다. 군대에서 보병이 중무장하고 걸어서 이동할 수 있는 거리가 40km이다. 약 4일 길, 160km를 걸은 셈이다. 충분히 먹지도 않고 쉬지도 못한 채, 오직 생존을 위해 도망을 쳤던 그에게 남은 것은 육적, 영적인 탈진뿐이었다. 4일 길 을 걸은 엘리야는 육체적으로 체력이 고갈될 수밖에 없었다. 영적으로는 승리를 거두었지만 생명을 구하기 위해 도망쳐야만 했던 현실이 그의 모든 영적 침체, 탈진(Burn out)을 가져왔다. 그에게 남은 것은 깊은 좌절과 실망뿐이었다.

이제 나만 홀로 남았으니 나 외에는 아무도 없다는 생각이 머리를 스쳐 지나갈 때 선택의 여지는 남지 않았다. 엘리야는 로뎀나무에 앉아 죽기를 청했다.

> 지금 내 생명을 거두옵소서 나는 내 조상들보다 낫지 못하나이다!
> -왕상 19:4-

엘리야와 마찬가지로 오늘 한 선지자 생도의 부인은 생활고에 시달려 차라리 죽음을 바라는 상황에 놓이게 되었다. 그녀는 겨우 빚을 내어 생계를 이었지만 이제 아들들마저 노예로 팔려 갈 위기에 처해 있었다. 지금 이 시대가 엘리사의 시대 아닌가? 옛날에는 너도 나도 할 것 없이 가난했기에 가난해도 살수가 있었다. 너도 꿰맨 옷 입고, 나도 보리밥을 먹고, 너도 다 떨어진 고무신을 신고, 나도 구멍 난 양말을 신어도 서로가 비슷비슷한 처지였기에 살 수가 있었다. 동네에 부잣집 한둘 빼고는 다 가난했기에 살만했다. 하지만 지금은 다르다. 지금은 상대적 빈곤이 극에 달한 시대가 되었다. 요즘에 옛날처럼 살기엔 쉽지 않은 시대다.

물질적 풍요는 마귀가 더 쉽게 우리를 좌절시키는 시대를 만들었다. 웬만하면 다 차를 가지고 있다. 웬만하면 전세라도 들어가 산다. 웬만하면 한 달에 한두 번 외식은 한다. 웬만하면 계절이 바뀔 때마다 기분 전환용으로 새 옷을 산다. 웬만하면 수백만 원하는 명품백도 36개월 할부라도 해서 메고 다닌다. 그러나 그것들 중 하나라도 제대로 할 수 없게 되면 커다란 상실감을 갖는다. 좌절한다. 인생의 실패자라고 여긴다. 이 시대는 절대 궁핍의 문제가 아니다. 상대적 궁핍의 시대가 되었다. 언젠가 카카오톡으로 '축복받은 사람'이란 글을 받은 적이 있다.

'냉장고에 음식이 있고, 옷을 걸치고 있고, 집 지붕이 있어 잠잘 장소가 있다면 당신은 지구상 인구 75%보다 부유한 사람입니다. 은행이나 지갑에 지금 돈이 있다면 당신은 이 지구상에서 상위 8%에 속하는 사람입니다. 전쟁의 위험이나 고문, 굶주림, 신앙의 핍박 등을 경험하지 않았다면 당신은 이 세상 30억 명의 사람보다 축복받는 사람입니다.'

그렇다. 우리는 축복을 잊고 산다. 우리는 절대 빈곤에 시달리고 있지 않다. 상대적 빈곤에 시달려 좌절하는 사람들은 아무것도 남지 않았다고 한다. 하지만 실상은 아직도 우리에게는 너무도 많은 것이 남아 있다. 희망은 있다. 판도라(Pandora's box)의 상자에 남은 마지막도 희망이었다. 기름 한 병! 그녀에게는 기름이 아직 한 병 남아 있었다. 여전히 남아 있는 희망의 기름 한 병을 찾아야 한다. 소망의 기름 한 그릇을 발견해야 한다.

엘리야로 다시 돌아가 보자. 오직 나 혼자 남았다고 절망하는 엘리야에게 하나님께서는 '아직 바알에게 무릎 꿇지 않은 7000명'의 하나님의 사람들이 있음을 알려 주신다. 슬픔과 절망의 공포에 뒤덮이고 매몰되어 잃어버린 희망을 되찾아야 한다. 이 시간, 내일의 희망 한 조각을 발견하기를 간절히 기도한다.

절망 중에 있는 사람들이 흔히 빠지는 오류가 '나는 아무것도 가진 게 없다'는 절망과 분노이다. 이것은 바로 마귀가 주는 생각이다. 이런 생각을 우리 귀한 하나님의 자녀들에게 심어 놓는다. 마귀는 원망이라는 열매, 불평이라는 열매, 절망, 포기, 불신, 자살이라는 생각의 싹들이 우리 가운데 싹트는 것을 보며 즐거워한다. 힐링캠프라는 TV 프로그램에서 차인표가 출연해서 이런 이야기를 하였다.

"26살인데 주머니에 300원밖에 없는 거예요. 200군데 이력서를 냈는데 한 군데에서 연락 왔어요. 26살에 직장도 없고 군대도 안 갔다 오고 경제적 능력도 없는……. 아, 끝내, 내 인생은 여기서 끝이야, 내 인생은 쓰레기에 불과해. 이런 생각이 들게 하는 거……. 이게 바로 악마의 속삭임이라는 거죠. 내 인생의 오늘, 이게 다가 아니에요. 절대 아니라는 거죠."

오늘이 다가 아니다!
오늘이 끝이 아니다!

흔한 예화 중 하나지만 다시 들어 보겠다. 아프리카에 나이키 영업사원 둘이 파송되었다. 회장은 한 달 동안 아프리카 일대를 살피며 신발 판매가 가능한지에 대한 보고서를 쓰라고 명령을 내리고는 비행기를 타고 횡하니 떠났다. 한 달 동안 두 명의 영업사원은 아프리카 각지를 돌아다니며 보고서를 썼다. 한 사람의 보고서는 다음과 같았다.

"이곳은 절망적입니다. 단 한 사람도 신발을 신고 다니는 사람을 만나지 못했습니다. 우린 망했습니다."

그런데, 다른 한 사람의 보고서는 달랐다.

"이곳은 희망적입니다. 단 한 사람도 신발을 신고 다니는 사람을 만나지 못했습니다. 따라서 모든 사람들에게 신발을 팔아 신긴다면 이곳은 그야말로 황금어장입니다. 이 시장의 성장 가능성은 무궁무진합니다!"

똑같은 상황이다. 상황은 전혀 변하지 않았다. 하지만 보는 눈은 달랐다. 영안이 열린 자는 길을 본다. 하지만 육안이 열린 자는 절망의 막다른 골목을 본다. 가나안 땅을 들어간 12지파를 대표한 12명의 정탐꾼들이 있었다. 그들은 40일 동안 점령이 가능한지, 과연 살만한 곳인지 파악하기 위해 들어갔다. 하지만 오직 여호수아와 갈렙만이 영안이 열린 자들이었다. 갈렙은 이렇게 외쳤다.

우리가 곧 올라가서 그 땅을 취하자 능히 이기리라! -민 13:30-

그러나 나머지 사람들은 다르게 외쳤다.

그와 함께 올라갔던 사람들은 이르되 우리는 능히 올라가서 그 백성을 치지 못하리라 그들은 우리보다 강하니라 하고 이스라엘 자손 앞에서 그 정탐한 땅을 악평하여 이르되 우리가 두루 다니며 정탐한 땅은 그 거주민을 삼키는 땅이요 거기서 본 모든 백성은 신장이 장대한 자들이며 거기서 네피림 후손인 아낙 자손의 거인들을 보았나니 우리는 스스로 보기에도 메뚜기 같으니 그들이 보기에도 그와 같았을 것이니라 -민 13:31~33-

출애굽한 백성들도 불평과 원망을 하였다. "우리에게는 고기도 마늘도 파도 있지 않고, 이 만나 외에는 아무것도 있지 않다." 옷을 찢고 통곡하며 스스로 짐승 같은 애굽의 삶으로 돌아가려 한다. 하나님께서 세우신 지도자 모세를 돌로 쳐 죽이려 한다. 아니, 만나가 어디 흔해빠진 가치 없는 것인가? 이전에도 이후에도 주시지 않은 정말 출애굽한 이스라엘 백성들만 누렸던 천국의 양식이 만나였다. 그러나 이스라엘 백성들은 그 귀한 만나를 곁에 두고도 아무것도 없다고 원망하는 불충을 저지르고 스스로 멸망의 길을 선택한다.

오늘 우리의 삶도 마찬가지가 아닌가! 하나님께서 나에게만 주신 만나같이 너무나 소중한 기름 한 병이 남아 있다는 사실을 기억하기 바란다. 세상을 저주하며 분노하는 젊은이들이여 당신에게는 아직 젊음과 도전, 재능, 열정, 시간이라는 기름 한 병이 남아 있다.

괴테의 명작 〈파우스트〉에 보면 주인공 파우스트 박사는 노년에 수많은 지식과 명예를 소유하고도 번민 속에 사로잡힌다. 전도서의 지혜자가 겪은 동일한 고민 속에 빠졌다. 그러나 불행하게도 그에게는 하나님이 없었다. 악마 메피스토펠레스는 노인 파우스트에 다가와 속삭인다. 젊음을 줄 테니 영혼을 달라고 거래를 제안한다. 파우스트는 거래에 응하고 순식간에 젊은 시절의 20대의 파우스트로 되돌아간다. 젊음을 되찾은 파우스트가 겪는 이야기가 괴테의 파우스트 줄거리이다. 악마에게 영혼을 팔더라도 가지고 싶은 게 젊음이다. '젊음' 한 그릇이 있다는 것이 얼마나 큰 축복인지 젊은이들은 망각하고 있다. 도리어 국가를 탓하고, 사회를 탓하고 절망한다. 인터넷에서는 차마 입에 담을 수도 없는 댓글을 달며 국가와 민족, 사회, 대한민국까지도 저주한다. 이러니 그 젊은이가 축복을 받을 수 있겠는가!

실패 속에 좌절하는 그대여! 당신에게는 최후의 전쟁물자가 남아 있지 않은가? 당신에게 기회라는 희망의 기름 한 병이 남아 있지 않은가? 문제와 아픔 속에 절규하는 성도여! 당신에게는 기도라는 기름 한 병이 남아 있다는 걸 잊어선 안 될 것이다.

기도로 공격하라

성경은 적극적인 메시지들이 많다. 성경은 마태복음 7장 7절에서 "구하라!" 말씀하신다. "찾으라!", "두드리라!" 명령하신다. 대부분 신앙인들은 적극적인 자세보다는 수동적인 자세를 취할 경우가 많다. 수동적인 태도는 적어도 신앙에 있어서만큼은 유익하지 못하다. 적극적인 태도로 하나님께 나아갈 때 문제가 풀리고 해결하게 된다.

오늘 성경에서 이 여인은 엘리사에게 문제를 가지고 나아왔다. 문제를 혼자 품지 아니하고, 그 문제를 하나님의 사람에게 가져와 묻고 구했다. 결국 그녀의 문제는 완벽하게 해결되었다.

우리도 기도라는 기름 한 병을 사용할 줄 알아야 한다. 기도는 성도의 의무이자 특권이다. 기도는 하나님께서 성도에게 주시는 특별한 선물이며 동시에 엄중한 명령이다. 이 귀한 선물을 사용해야 한다. 성도는 기도를 '누려야' 한다.

무엇보다도 기도를 최우선의 문제 해결 방법으로 사용해야 한다. 존 블렌챠드는 '기도를 더 이상 최후의 방법이 아닌 최선의 방법으로 사용해야 한다'고 말한다. 그렇다. 기도는 항상 사용해야 하는 것이다.

다급할 때 사람들은 새벽에 나와서 기도한다. 입시철이 되면 새벽기도가 북새통이다. 아내나 남편, 자식이 병원에 입원하면 새벽에 나와 기도한다. 물론 쿨쿨 자는 것보다는 낫다. 하지만 평소에 잘했으면 더 좋았을걸 아쉬움이 남는다.

세계로 금란교회 주성민 목사님의 간증을 들어 보았다. 축복과 형통함의 비결이 무엇일까? 나는 기도밖에 그 이유를 찾을 수가 없었다. 가방끈이 긴 분도 아니다. 목원대학교를 들어가기 위해 10년을 재수해서 들어갔다. 그것도 입시제도가 수능으로 바뀌면서 들어갈 수 있었다. 아버지는 목사였으나 암으로 시골교회를 하시면서 가난하게 사시다가 돌아가셨고, 어머니도 어린 나이에 백혈병으로 잃는 아픔을 겪으셨다. 고아처럼 자랐다. 재수도 아니고, 삼수도 아니고 10수를 했다. 설교를 들어도, 간증을 들어도 어마어마하게 드라마틱한 내용은 없어 보인다. 단지 슬픈 소년의 과거사가 가득할 뿐이다. 그러나 그 내용에는 바랄 수 없는 중에 바라고, 불가능한 상황 중에 그저 기도했다는 이야기가 주를 이룬다. 슬프니까, 고통 중이니까, 힘드니까……. 그러니까 기도, 기도를 했다는 이야기뿐이다. 결국 주 목사님은 기도로 세운 교회로 1만 명 성도를 돌파하고, 파주 지역뿐 아니라 경기도 북부 지역을 성령의 물결, 복음의 물결로 접수했다.

기도할 수 없을 그때가 당신에게 가장 기도가 필요한 때임을 믿으라! 말콤 엑스는 '대부분의 사람들은 슬플 때 아무것도 하지 않는다. 그냥, 자기 신세한탄만 한다. 그러나 그들이 분노하기 시작할 때 상황이 바뀌게 된다.'고 말했다. 그리스도인은 절망과 슬픈 상황에 순응해서 침몰해서는 안 된다. 적극적으로 저항해야 한다. 강물을 거슬러 올라가는 연어처럼 상황을 역전시키는 하나님을 바라며 기도해야 한다.

슬픔에 매몰되고 집착하여 내 삶에 덩그러니 놓여 있는 축복의 기름 한 병을 보지 못하는 실수를 범하지 말라! 지금이 바로 기도할 때이다!

일본에 굶어 죽은 노숙자가 있었다. 그의 시신은 누추한 천막 안에서 발견되었는데, 경찰이 시신을 수습하는 과정에서 거지의 가슴에 숨겨져 있던 통장을 발견했다. 그 거지 명의로 된 통장에 들어 있던 돈은 자그마치 1억 엔이었다. 우리 돈으로 10억 원이 넘는 돈을 남긴 채 거지로 살다가 간 것이다.

기도의 능력, 기도의 영적통로를 차단한 사람은 굶어 죽은 거지와 같다. 통장잔고가 아무리 많으면 뭐하는가? 통장에서 꺼내 쓰지 않으면 돈은 아무 소용이 없는 것이다. 하나님은 무궁하시다. 하나님은 전능하시다. 그 권능을 의지하려면 기도해야 한다. 통장의 잔고를 꺼내는 과정이 바로 기도하는 것이다.

> 구하라 그리하면 주실 것이요, 찾으라 그리하면 찾을 것이요,
> 문을 두드리라 그리하면 열릴 것이다 -마 7:7-

우리 교회에는 김춘정 집사가 있다. 암이 목 주위에 다 퍼진 말기였다. 생존율이 4%에 불과했다. 의사가 검사하고 나서 이렇게 말했다.

"목 주위에 전부 전이되어서 어렵습니다. 마음의 준비 하셔야겠습니다. 아마 성대 전체를 다 절제해 내야 해서 말씀은 못 하실 겁니다."

이때 김 집사님은 절망 중에 그 어떤 방법을 구하지 아니하고 내게로 찾아왔다.

"목사님, 기도해 주세요."

"집사님, 절대 안 죽어요. 제가 기도할게요. 혹시나, 행여나 잘못 돼

서 집사님이 죽으면 나도 따라 갈 테니 걱정 마세요."

"목사님, 감사합니다. 흑흑흑……."

"집사님을 통해 가는 곳곳마다 간증이 돼야 해요. 반드시 나으십니다!"

내심, 가는 길 혼자 외롭지는 않겠구나 위로를 받으신 것 같다. 하지만 나는 확실히 이분을 통해 기도의 능력을 간증할 수 있게 되기를 기도했다. 목숨을 걸고 기도했다. 얼마 후 김 집사님의 수술 날짜가 잡혔다. 수술실로 들어가신 후 의사들이 마지막으로 집도하러 들어갔다. 그런데 이게 웬일인가? 의사들이 수군거렸다.

"하하, 이럴 수가 있나?"

"의사 생활 10년 만에 이런 경우도 있네?"

그 의사 선생님은 크리스천도 아니었다. 수술이 끝난 후 기적과 같은 말이 넌크리스천 의사의 입에서 나왔다.

"목사님, 기적이 일어났나 봅니다. 성대 주변에 잔뜩 흩어져 있던 암세포가 하나도 안 남고, 목 아랫부분에 점만큼 작은 혹이 딱 하나만 있네요. 그 혹 하나만 제거했어요."

"할렐루야!"

기도는 능력이 있다. 그리스도인의 강력한 무기이자 힘이다. 우리가 간절히 구하고 당신의 도우심을 청할 때 하나님은 결단코 고아처럼 과부처럼 버려 두지 않으신다. 지금도 가는 곳마다 기도의 능력을 선포할 때 이 간증이 빠지지 않는다. 근데 문제가 생겼다. 하나님께서 고쳐 났더니, 어찌나 말씀을 많이 하시는지 교회가 다 시끄러울 지경이 되었다. 그렇게 집사님이 교회에서 호들갑 떨며 떠드는 소리가 기쁘다. 감사하다.

전도와 기도는 마치 홍어와 같다. 한번은 장경동 목사님과 광주 홍아네라는 식당에 가서 처음 홍어를 먹었다. 오늘이 마지막이라면 이 집에서 한 끼를 드시고 가겠다고 할 정도로 맛있는 집이었다. 그러나, 처음에 입을 댄 순간 '왝! 이건… 쓰레기… 아닌가!' 싶었다. 하지만 시간이 지나고 나서 다시 홍어가 땡겼다. 정말정말 내가 왜 이럴까? 이해할 수 없는 매력에 사로잡혔다. 이후에는 홍어가 없으면 안 될 정도가 되었다. 기도와 전도도 그렇다. 처음엔 낯설고, 힘들고 어색하고 괴롭기까지 하다. 하지만 시간이 지나면 하면 할수록 감격이 있고, 감사가 있고, 능력이 있다. 익숙해지고, 전도와 기도 없이는 못살게 된다.

이번에 내 책을 출판하겠다고 5군데에서 요청이 왔었다. 90% 이상 결정한 출판사가 있지만 마지막까지 기도를 통해서 확정하고 결정하였다. 기도하지 않고는, 하나님의 응답과 확신 없이는 절대로 움직이지 않기로 작정했기 때문이다. 모든 문제를 기도로 결정하는 것이다. 성도의 지혜이다.

지금, 머뭇거리며 기도의 자리에 나오지 않는 성도들이 있는가? 기도하기보다는 비판하고 원망하며 불평의 자리에 머물러 있지는 않는가? 우리에게는 아직 기름 한 그릇, 기도의 능력이 남았다. 기도의 자리에 나아오라, 새벽에 깨어 기도하라! 정녕 그리할 때 나의 가정은,

나의 인생은, 한국교회는 제2의 부흥기를 맞이하게 될 것이다.

천 명의 꿈

너는 밖에 나가서 모든 이웃에게 그릇을 빌라 빈 그릇을 빌되 조금 빌지 말고… -열왕기하 4:3-

오늘 우리는 알고 있다. 이들이 빌려 온 그릇만큼이 바로 축복의 분량이라는 것을! 이 말씀을 읽는 성도들은 너 나 할 것 없이 안타까움을 느낄 것이다.

'더 빌리지, 더 빌리지…….'

만약에 이런 기회가 우리에게 주어진다면 우리는 이 안타까운 한탄의 주인공이 되지 말고 양껏… 맘껏… 최대한 빌리고 빌려서 축복을 원 없이 받으시길 간절히 바란다. 그게 바로 오늘이다. 오늘 우리가 빌려야 할 그릇이 바로 믿음의 그릇, 간구와 기도의 그릇, 비전의 그릇이다. 우리가 믿는 만큼 구하는 만큼, 그리고 꿈꾸는 만큼 하나님께서 부어 주신다. 빌려 올 때에는 분명 빈 그릇이지만 그 빈 그릇이 채워질 것을 믿으며 구해야 한다.

영적인 원리는 지금 당장은 아무것도 없지만 이제 곧 어마어마한 일이 생기는 것이다.

지금은 아무것도 없어 보이지만 우리는 믿어야 하며, 기도해야 하며, 꿈꿔야 한다.

나는 너를 애굽 땅에서 인도하여 낸 여호와 네 하나님이니 네 입을 크게 열라 내가 채우리라 -시 81:10-

대전 한밭제일교회 이영환 목사님을 만났다. 그 교회 주강사로 초청이 되어 말씀을 선포했다. 대전에서 가장 크다는 한밭제일교회에 내가 서게 될 줄을 누가 알았을까? 하지만 이미 나는 전부터 알고 있었다. 자그마한 울산 온양순복음교회의 강단에서 전국강단을 누비며 설교하리라는 선포적 믿음을 가지고 선포했다. "전국에 있는 교회 강단은 나의 지경이 될 것이다! 내가 가는 곳에 하나님의 나라가 임할 것이다! 내가 가는 곳마다 한국교회에 희망의 불씨가 타오를 것이다!" 그렇게 믿음을 확장했다. 믿음의 그릇을 크게 빌어 왔기 때문이다.

"목사님, 어떻게 저를 알고 이렇게 초청하셨나요?"

"지난번에 광주에서 집회하신 교회 담임목사가 실은 우리 교회 부목사 출신입니다. 그 목사님이 강력하게 안 목사님을 추천했습니다."

할렐루야! 2011년 4월 어느 봄날 포도원교회 김문훈 목사님을 집회에서 만났다. 주강사로 만난 것이 아니라, 참석자로 만났다. 그런데 그때 나는 믿음의 눈을 가지고 선포했다.

'하나님, 저도 김문훈 목사님과 같이 한 달 안에 강단에 서게 해 주세요!'

집회가 마치고 나가는 길에 담대히 김문훈 목사님께 기념촬영을 부탁했다. 그리고 김문훈 목사님께 이렇게 이야기했다.

"목사님, 울산 온양순복음교회 안호성 목사입니다. 저를 꼭 기억해 주세요. 저도 이제 곧 목사님과 함께 강단에 서게 될 것입니다!"

어느 시골 촌뜨기 목사가, 생전 처음 보는 젊은 목사가 이렇게 이야기하니 황당하셨을지 모른다. 하지만 일 년 전 선포한 일들이 모두 이루어졌다.

어느 지하 개척교회에 30명 성도 되는 것이 평생소원이었던 목사님이 있었다. 그야말로 열등감과 패배감에 찌들었던 상태였다. 개척하면 절벽, 개척하면 벼랑이라는 한국교회의 현실의 벽에 철저히 부딪혀 산산이 조각난 상태였다. 습기는 차오르고 곰팡이 냄새와 퀴퀴한 정체불명의 냄새가 절망의 늪으로 이 젊은 목사님을 끌고 들어갔다. 그러던 어느 날 인생역전의 계기가 찾아온다.

기도 중 하나님의 음성을 들은 것이다.

"한밭 제일의 교회가 돼라!"

"네? 하나님?"

"한밭 제일의 교회가 돼라!"

"제가? 개척교인 30명도 없는 제가 무슨 한밭 제일의 교회가 됩니까?"

"한밭 제일의 교회가 돼라!"

그렇게 한밭 제일교회는 역사를 시작했다. 현재 대전에서 정말로 제일의 교회가 됐다. 이영환 목사님은 열정적인 설교를 오랜만에 들었다며 몹시 반가워하셨다. 마치 오랫동안 사귄 친구처럼 반겨 주시는데 몸 둘 바를 몰랐다.

믿음의 사람들은 한결같이 상황을 넘어섰다. 현실에 절망하지 않았다. 꿈을 품고 비전을 바라보고 살아갔다. 한때 SK텔레콤 캐치프레이즈(Catch-Phrase)가 '생각대로 T'였다. 세상 기업도 원리를 알고 있다. 생각하는 대로 말하는 대로 꿈꾸는 대로 믿음대로 되는 줄 믿으시기 바란다. 나는 1000명의 예배자를 선포하고 다녔다. 그러다 꿈을 꾸었다. 1000명의 예배자가 구름떼같이 몰려드는 꿈, 앉을 자리 없이 꽉 차서 하나님을 찬양하며 말씀을 듣는 꿈을 꾸었다.

"이 꿈은 곧 실현될 것입니다!"

개척 당시 새벽기도 오가는 길에 하늘을 바라보며 크게 입을 벌려 선포하고 간구했다.

"지역 최대교회가 되게 하시고, 더 나아가 한국교회에 긍정적 영향을 미치는 자가 되게 하실 줄 믿습니다!!"

이렇게 7년을 새벽예배 때 부르짖어 선포했다. 앉아 있는 7명의 성도가 피식 웃었다. '목사님 꿈도 야무져!' 하지만 지금은 아무도 웃지 않는다. 꿈이 실현되고 있음을 목도하고 있기 때문이다. 기자를 만났다. "2,3년 내에 한국교회에 지각변동이 일어날 것입니다. 한국교회의 부흥사에 커다란 변화의 분기점이 될 것입니다. 그 중심에 제가 있을 겁니다. 지금 싸인 받아 가세요." 품고 있는 비전과 꿈을 쏟아냈다. 영적 또라이 기질을 가지고 선포했다. 꿈을 잃어버린 사람은 비웃는다. 그러나 그릇을 빌려라, 하나님의 영적인 능력을 빌려라! 그리하면 이루리라!

지난 2006년 병원에서 누워서 입원해 있는 가운데 하나님께서 천명의 꿈을 주셨다. 그런데 너무도 아파 울었다. 그래도 기도는 나온다.

"하나님, 채색옷이 찢어지는 고통, 형제들의 비난과 조롱, 심지어 노예로 팔리는 아픔, 그것을 당할지라도 천명의 꿈을 이루겠나이다!"

선지자 생도의 아내가 지지리도 가난하고 아무것도 없이 사는 집에서 이곳저곳 그릇을 빌리러 다닐 때 얼마나 많은 이들이 수군거렸겠는가.

"미친 거 아니야?"
"그릇? 뭐가 필요해. 먹을 것도 없는데."
"잔치하세요?"

그릇을 빌리러 다니는 모습을 상상해 본다. 아무것도 없는 가난한 집에서 엄마와 자식들이 마을을 돌아다니며 그릇을 빌린다. 당장 한 끼도 못 먹는 집에서 무슨 그릇이 필요하단 말인가? 얼토당토않은 행동이다. 수치를 당했을지 모른다. 조롱과 비아냥거림을 받았을지 모른다. 창세기에 요셉을 보면 이 사건과 비슷한 일을 당한다.

> 요셉이 그들에게 가까이 오기 전에 그들이 요셉을 멀리서 보고 죽이기를 꾀하여 서로 이르되 꿈꾸는 자가 오는 도다 자, 그를 죽여 한 구덩이에 던지고 우리가 말하기를 악한 짐승이 그를 잡아먹었다 하자 그의 꿈이 어떻게 되는지를 우리가 볼 것이니라 하는지라 -창 37:18~20-

요셉의 형제들은 요셉을 죽이는 게 주목적이 아니었다. 그의 꿈을 죽이기를 원했다. 꿈이 죽으면 그 사람은 자연히 죽는 것이다. 영화 〈매트릭스〉에서는 정신만 존재하는 가상공간이 있지만 정신의 세계에서 죽으면 현실세계에서도 죽는다. 꿈이 죽임을 당한 자는 걸어 다니는 좀비와 같다. 비전, 꿈이 죽은 사람은 이 땅에서 살아갈 힘이 없다. 능력이 없다. 무기력하다. 아무것도 할 수 없다고 이것저것 그럴듯한 핑계만 댄다.

나는 울산온양지역, 우리 교회 근방에 몇 명이 사는지 관심도 없었다. 1000명 출석성도의 꿈을 비웃던 수많은 사람들, 지금은 아무도 웃지 않는다. 만 명 교회를 꿈꾸자 또 피식피식 웃는다. 다윗도 골리앗을 죽이러 나가는 출정에서 온갖 비난과 조롱을 받았다. 친형이었던 엘리압도 비난했다. "네가 전쟁에 놀러 왔구나!"(삼상 17:28) 33절에서 사울은 "골리앗은 태어날 때부터 용사, 넌 애송이야!" 이런 식으로 다윗을 무시했다. 비난, 수치를 당해도 꿈을 포기해서는 안 된다.

최고 지휘관의 명령을 들어라

이 시대의 비극이 무엇인가? 하나님께 기도하지 않는 것이다. 하나님께 문제를 가져가지 않는 것이다. 하나님의 말씀이 이해되지 않아도 들을 때 복이 있다. 들어야 복이 있다.

> 선지자의 제자들의 아내 중의 한 여인이 엘리사에게 부르짖어 이르되 당신의 종 나의 남편이 이미 죽었는데 당신의 종이 여호와를 경외한 줄은…… -열왕기하 4:1-

이 여인은 문제를 하나님께 가져왔다. 하나님의 종 엘리사에게 문제를 가져왔다. 성도를 왜 하나님께서는 양에 비유하셨을까? 성도는 보고 가는 자가 아니라 듣고 가는 자이기 때문이다. 양은 시력이 -24이다. 보통 시력이 -가 넘어가면 렌즈 두께가 너무 두꺼워져서 압축렌

즈를 껴야 한다. 그런데 양이 -24라고 한다. 한마디로 양은 거의 눈뜬 소경이다. 그래서 양은 목자의 소리를 들어야만 한다. 앞에 움직이는 양의 소리를 듣고 따라가는 존재가 바로 양이다. 양은 절대로 혼자서 집을 찾아올 수 없는 존재다.

성도는 앞을 보고 따라가는 자들이 아니라 듣고 따라가는 자들이다. 요즘 성도들은 자꾸만 "보여 주세요. 보여 주세요!" 한다.

> 예수께서 대답하여 이르시되 악하고 음란한 세대가 표적을 구하나 선지자 요나의 표적 밖에는 보일 표적이 없느니라
> -마태복음 12:39-

들어야 산다. 하나님의 말씀, 주의 종의 인도의 소리를 잘 듣고 청종하여 축복의 자리, 은혜의 자리, 회복의 자리, 해결의 자리, 형통의 자리, 강건함의 자리, 충만함의 자리를 차지하고 정복하는 귀한 축복이 있길 소망한다. 순종하고 청종할 때 복이 있다. 가만 생각해 보면 지금도 내가 잘하는 것이 바로 듣는 것이다. 난 최고의 지휘관인 주님의 명령을 듣는다.

"주님, 말씀만 하옵소서. 주의 종이 듣겠나이다."
"주님이 말씀하시면 움직이겠나이다."

들어야 산다. "하나님, 말씀하옵소서!"라고 늘 기도한다.

미자립교회 세미나에서도 강조하는 것이 듣는 것이다. 듣는 기도를 한다.

"하나님, 말씀만 하옵소서. 알려만 주옵소서.
그리하면 절대로 그 복을 놓치지 않겠나이다.
내가 죽도록 충성하겠나이다."

전주 집회에서 큰 감동을 받았다. 지난 2012년 5월4일 전주집회에서 많은 목사님들이 와 계셨다. 감사하게도 내가 집회한 교회 중 크게 부흥한 교회에서 많은 사람들이 오셔서 맨 뒤에 앉아 엄지손가락을 치켜세우며 박수를 쳐 주셨다. 그날도 20명도 채 안 나오는 지하교회, 곰팡이 냄새가 천지를 진동하고 있는 교회에서 집회를 했다.
"만약에 한 달 안에 이 교회가 세워지고 신문지상에 오르락내리락 하는 기적이 일어나지 않으면 강사 옷 벗겠습니다. 집회 다니지 않겠습니다!"
하나님께서 부어 주시는 확신으로 강력하게 선포하자 기적이 일어났다.
"아멘 소리 지지 마라! 아멘 하는 소리 1등해라!"
이 교회에 놀라운 기적이 일어났다. 한 달 만에 240명을 전도했고, 3달 만에 517명을 전도하여 지금은 수많은 성도들이 모여 예배드리는 중대형교회로 성장했다.
젖먹이 어린아이들까지 합쳐 20명 모이던 교회가 전도하고 기도하며 말씀에 순종한 교회가 있었다. 하나님의 말씀을 듣고 그대로 순종하자, 하나님께서 역사했다. 지금 60여 명이 되었다.

"목사님, 아직 60명밖에 안 모이네요. 죄송해요."

"아닙니다, 목사님. 3배가 됐잖아요. 이게 더욱 하나님께서 축복을 부어 줄 것입니다."

집회로 인해 부흥한 교회 목사님과 성도님들이 집회를 방문하여 눈물로 함께 감동의 예배를 드렸다. 좌우로 목사님들이 90도로 고개를 숙여 인사를 하시는데 나도 눈물이 펑펑 쏟아졌다.

어쭙잖게 하나님의 말씀을 결제하려 하지 말라.
재단하려 하지 말라! 하나님의 위대하심을 제한하지 말라!
정말 꿈같은 말이라도, 말도 안 되는 명령이요 비전일지라도
내 생각과 기준으로 거르고 판단하지 말고 그저 들은 대로 순종하라!

평생 어부로 잔뼈가 굵은 베드로에게 예수님께서 한 말씀하셨다.

시몬에게 이르시되 깊은 데로 가서 그물을 내려 고기를 잡으라 시몬이 대답하여 이르되 선생님 우리들이 밤이 새도록 수고하였으되 잡은 것이 없지마는 말씀에 의지하여 내가 그물을 내리리이다 하고 그렇게 하니 고기를 잡은 것이 심히 많아 그물이 찢어지는지라 -눅 5:4~6-

깊은 곳에 그물을 던지라는 어부의 상식에 반하는 명령이었다. 정말 말도 안 되는 말씀이지만 그 말씀을 듣고 순종했을 때 놀라운 축복이 일어났다.

말씀에 의지하는 자가 꿈을 이룬다. 말씀에 의지하여 지금 순종의 자리, 기도의 자리, 전도의 자리, 섬김의 자리로 돌아오라, 나아오라! 하나님이 함께 역사하신다!

희망을 쏴라

이스라엘이 멸망의 문턱에 왔다. 아람 왕 벤하닷은 수십만의 군대를 이끌고 북이스라엘의 수도 사마리아를 포위하였다. 저들의 작전은 고사작전! 차라리 쳐들어와서 싸워 보기라도 했으면 좋겠는데 그저 둘러만 싸서 굶기고 말려 죽이는 작전을 쓰고 있었다. 백성들은 굶주려 죽어 가고 이에 여호람 왕은 가장 큰 위기에 봉착하였다.

위기의 심각성을 보라. 왕하 6장 25절에 의하면 '나귀 머리 하나에은 팔십 세겔'이었다. 당시 젊은 노예 장정의 몸값이 이십 세겔 정도인 걸 감안하면 대단한 가격이다. 나귀는 부정한 동물로서 평시에는 누구도 먹지 않았다. 게다가 머리는 가장 먹을 것이 없는 하위등급의 부위였다. 나귀 머리는 최악의 음식의 상징인데 그 나귀 머리조차 비싼 은 팔십 세겔에 팔렸다는 것은 당시의 비참함이 어떠했는지를 잘 말해 준다.

은 한 세겔은 노동자 4일 품삯에 해당했다. 그러므로 팔십 세겔은 320일치 품삯이니 거의 일 년 연봉에 맞먹는 가격이었다. 더 기가 막힌 기록도 나온다. '비둘기 똥 사분의 1갑이 은 다섯 세겔' 여기서 비둘기 똥은 변변치 않은 곡식 알갱이를 비유적으로 하는 말이다. 갑은 현재 1.2리터에 해당하는 분량이다. 그래서 1/4 갑은 0.3리터나 될까 말까 한 양인데 20일치 월급에 팔렸다는 것이다.

왕하 6장 28절에서는 서로 아이를 잡아먹을 정도로 비참한 상황에 내몰리게 된다. 오늘 본문의 말씀처럼 당신은 지금 어디를 둘러봐도 문제투성이요 상황이 더욱 나빠져 가는 삶의 위기 속에 있지 않는가? 그렇다면 오늘 말씀 속에 답을 찾을 수 있길 간절히 바란다.

문제와 슬픔 중에 있을 때
문제만 바라보고 슬픔에만 집착하여 매몰된다면 반드시 실패한다.

베드로가 물 위를 걸을 때, 예수님을 바라보고 걸을 때는 문제가 없었다. 그러나 풍랑이 일자 두려워하여 물속에 빠졌다. 어려운 문제에 봉착했을 때일수록 자꾸 눈을 들어 하늘을 바라보며 소망과 희망을 찾고 바라보아야 한다. 아무리 현실적으로 냉혹하고 힘겨운 삶 중에 있더라도 정신 차리고 길을 찾아야 한다.

다윗과 골리앗의 싸움을 보라. 다윗은 골리앗의 크기와 전투 능력을 먼저 보지 않았다. 그가 하나님을 모독하고 하나님을 업신여기는 것을 보고 거룩한 분노를 느꼈다. 다윗이 단창과 칼, 놋 투구와 거대한 그의 키와 몸집을 보고도 마음에 요동함이 없었던 것은 바로 이 때문이다. 상대를 본 것이 아니라 하나님을 봤다. 다윗의 하나님, 양떼를 지킬 때 도우셨던 하나님을 떠올리며 골리앗을 바라보았다. 마음이 없으면 핑계만 보이고 마음이 있으면 길이 보인다!

사무엘상 17장에 보면 사울과 이스라엘 군대는 40일 동안 골리앗의 조롱에 시달렸다. 골리앗의 너무나 거대한 키에 좌절했고 그가 들고 나오는 무기와 무장한 투구에 무시무시한 무기들, 두꺼운 갑옷만 바라본 자들은 스스로를 메뚜기와 같이 여겼다. 절망하며 적들 앞에 자멸해 가고 있었다.

하지만 다윗은 계속 희망과 소망을 선포하며 긍정의 마음을 잃지 않았다. 그는 결국 물맷돌이라는 길을 찾아내어 골리앗을 쓰러뜨리고 말았다.

가나안 정복의 이야기를 다시 하겠다. 모세는 12명의 정탐꾼을 가나안 땅에 보냈다. 같은 땅을 보고 왔는데 10 vs 2의 극명한 시각의 차이를 보인다. 똑같은 광경, 상황, 모습을 보았다. 10명은 가나안 땅 정복의 부정적인 면, 즉 문제와 절망의 조건만 바라보았다. 스스로를 메뚜기 취급하며 밤이 새도록 슬픔에 매몰되어 통곡하고 울었다. 그들은 분노를 밖으로 향했다. 지도자 모세를 돌로 쳐 죽이려 하였다.

하지만 갈렙과 여호수아는 달랐다. 가나안 거민의 장대함이나 성벽의 높고 두꺼움 따위에 자신의 관심을 두지 않았다. 오직 하늘의 소망, 하나님의 간섭과 도우심의 손길에만 시선을 고정했다. 가나안 적군을 오히려 자신의 밥으로 여겼다.

당신은 문제를 해결할 수 있겠는가?
무엇으로 점검할 수 있겠는가?
바로 당신의 마음의 시선이 머무르는 곳이 무엇인가에 달렸다.
무엇을 보고 있는가?
문제와 어려움, 슬픔과 절망의 조건들만 계속 바라본다면
당신은 반드시 실패를 맛볼 것이다.
그러나 하나님께서 주시는 소망과 능력을 바라본다면
문제는 해결되고 길이 보일 것이다.

우주개발에 뒤쳐진 미국은 1961년 5월 25일 소련에 꺾인 자존심 회복을 위해 당시 대통령 존 F. 케네디가 원대한 계획을 발표한다.

"미국은 1960년대가 끝나기 전까지 인간을 달에 보낼 것입니다. 또한 다시 지구로 무사히 귀환시킬 것입니다. 비록 힘든 일이지만 우리는 이 길을 선택하고 해낼 것입니다."

이어 1962년 라이스대학 연설에서 '10년 이내에 인간이 달 위를 걷게 하겠다'고 선언했다. 그러나 수많은 과학자들은 그것은 불가능하다고 앞을 다투어 가로막았다. 케네디는 그들과 논쟁하는 대신 그들을

한자리에 모아놓고 그 일이 왜 불가능한지 명확한 이유를 대라고 말했다. 반대하던 과학자들은 자신의 모든 지식과 연구결과를 총 동원해서 '유인 우주선이 달 위에 착륙할 수 없는 이유'를 제출했다.

그 후 케네디는 더 이상 불가능하다는 과학자들을 만나지 않았다. 그 대신 '가능하다'고 말한 과학자들을 만났다. 그리고 그들과 함께 '불가능하다'고 말한 과학자들이 들이댄 '불가능한 이유'들에 대해 조목조목 해결책을 찾도록 지시했다.

드디어 1969년 7월 16일 유인 우주선 아폴로 11호가 지구로부터 달을 향해 떠났다. 7월 20일 주일 아침, 인류 역사상 처음으로 닐 암스트롱(Neil Alden Armstrong)은 달 위에 발자국을 남기며 위대한 말을 남겼다.

"한 사람에게는 작은 발걸음이지만, 인류에게는 위대한 도약이다.
(That's one small step for man, one giant leap for mankind.)"

만약 케네디가 계속해서 불가능한 이유만을 이야기하는 과학자들과 만났다면 그는 이내 절망하고 스스로 포기하고 꿈을 접었을 것이다. 하지만 그 대신 그는 희망을 보았고 소망에 모든 관심을 집중했기에 인류의 역사를 바꾸어 놓았던 것이다.

가진 것이 없는 것이 아니라 잃을 것이 없는 것이다

장마 때였다. 그날도 어김없이 비가 내렸는데 너무 많이 내렸다. 홍수가 났다. 마을은 거대한 강으로 변했다. 돼지도 떠내려가고, 소도 떠내려가고, 냉장고도 떠내려가고, TV도 떠내려갔다. 거지 부자(父子)는 홍수를 피해 동네 동산 위로 올라가 이 광경을 물끄러미 바라보았다.

"아빠, 어떡해요. 저기 돼지가, 냉장고가 다 떠내려가네요."
"허, 참. 그러게 말이다. 하지만 걱정하지 않아도 된다. 우린 떠내려갈 게 없으니까."
"그러네요, 아빠. 우린 걱정할 게 하나도 없네요."
"에헴. 이게 다 아빠를 잘 둔 덕택이다."

가진 것이 없으니 잃을 것도 없다는 거지 아버지의 해학은 많은 점을 시사해 준다. 우리가 인생을 살면서 홍수를 만날 때가 있다. 폭풍을 만나는 시기가 있다. 이런 극단의 상황에서도 선택은 반드시 해야 한다. 여기서 신앙이 완전히 무너지기도 하고, 신앙이 도리어 굳건히 서기도 한다. 그리스도인은 후자를 선택해야 한다. 극단적 위기가 주는 두 가지 유익이 있다. 그것은 담대함과 냉철함이다. 극단적 위기는 사람을 나약하게 하고 열등감에 빠지게 만든다. 스스로 절망하게 한다.

또, 극단적 위기는 사람의 정신을 잃게 한다. 정신을 혼미하게 만들어 올바른 결정을 하지 못하게 만들기도 한다.

영업사원이 회사의 냉동창고를 점검하기 위해 문을 열고 들어갔다. 그런데 그만 문이 닫히고 말았다. 냉동창고는 안에서는 안 열리고 밖에서만 열리는 구조이다. 그는 순간 문이 닫히자 당황했다.

"아무도 밖에 없어요? 여보세요, 문 좀 열어 주세요!"

그는 밖으로 나가기 위해 사투를 벌였지만 문을 열 수는 없었다. 다음 날 그는 추위에 떨며 웅크린 모습으로 숨진 채 발견되었다. 그런데 사실 냉동창고 안은 따뜻했다. 냉동창고가 이미 오래 전 고장 났기 때문이다. 자기가 먼저 겁에 질려 '난 얼어 죽을 거야'라고 단정했기 때문이다.

하지만 역발상으로 극단적 위기는 우리를 담대하게 만들기도 한다. 정신을 똑바로 차리게 하는 결정적 기회가 되기도 한다. 호랑이에게 물려가도 정신을 차려 사는 사람이 있는가 하면 호랑이에게 물려 가는 순간 정신을 잃고 죽는 사람도 있다.

드라마에 보면 자주 나오는 레퍼토리 중 하나다. 철부지 부잣집 도련님이 방탕하게 아버지의 돈을 물 쓰듯 쓰며 한심한 인생을 산다. 그러던 어느 날 아버지의 회사가 부도난다. 그날도 술에 취해 한가롭게 늦잠을 자던 그에게 법원에서 집달관들이 들이 닥친다. 그가 자고 있던 침대와 베개에도 차압딱지를 붙인다. 그것을 보는 순간 그는 정신 차리고 일하고 사업을 일으켜 큰 성공을 이루게 된다.

실화이다. 미국 명문대를 졸업하고 십 년 넘게 놀기만 하던 청년이 있었다. 이력서만 내면 취업이 가능했는데도 물려받은 유산도 많고 똑똑하다 보니 인생을 허비하고 있었다. 그러던 어느 날 뇌에 큰 병이 생겨 대수술을 받았고 6개월을 병원에 누워 생사의 기로에 서야 했다. 힘겹게 완치된 그는 삶의 중요성을 깨닫고 사업을 시작해 크게 성공했다.

잃을 것이 없는 자의 담대함

극단적 위기가 다가왔을 때 당신은 무엇을 하는가?
주춤하는가? 고뇌하는가? 염려만 하고 있는가?
그러나 이제부터는 일상의 한계를 뛰어넘는
축복의 기회로 삼기를 작정하자.

내세울 것과 가진 것이 없는 것은 주눅 들고 열등감을 가질 수 있는 조건이기도 하다. 그러나, 역발상으로 잃을 것이 없기에 남들보다 무서울 정도로 담대할 수 있다.

사업을 해도 크게 성공하는 사람은 잃을 게 없는 사람이다. 대부분 2,30대에 크게 성공하는 이유가 무엇인 줄 아는가? 젊은 나이에는 잃을 것이 없기 때문에 과감히 도전한다. 이것저것 다 떼고 나면 크게 사업을 벌일 수가 없다. 실패할 상황만 대비해서 사업을 꾸미면 망할 수밖에 없는 것이다. 더 이상 잃을 게 없는 사람은 무엇을 해도 본전이다. 담대함이 생기는 것이다. 하지만 많이 가진 자는 조금이라도 잃을까 봐, 손해 볼까 봐 아무것도 못한다. 그리스도인은 이 땅의 순례자이다. 우리의 본향은 이 땅이 아니다. 이 땅에서 떠나야 하는 삶이다. 이런 마음가짐으로 출발한다면 삶은 달라진다. 이것은 진리이기 때문이다.

오늘 본문에서는 냉대와 버림을 당한 나병 환자들이 나온다. 이들은 사회에서 아무것도 기대하고 건질 것도 없는 철저히 버림받은 사람들이었다. 그러나 이들은 기적의 주인공이 되었다. 이들의 장점은 무엇인가? 사회적으로, 개인적으로도 외면당하고 낙오하여 더 이상 잃을 것이 하나도 없다는 점이다. 잃을 게 없던 이들은 더 쉽게 순종하고 결단하고 움직일 수 있었다.

"이래도 죽고 저래도 죽을 거…… 그래, 가 보자!"

이 결단이 그들을 기적 같은 축복으로 이끌었다. 우리가 머뭇거리는 이유는 무엇인가? 우리가 순종할 수 없는 이유는 무엇이며, 우리가 헌신할 수 없는 이유가 무엇인가? 바로 잃을 것이 많아졌기 때문이다. 우리는 위기 속에서 그것들을 내려놓는 훈련을 받게 된다. 원래 잃을 것이 많아지면 비겁해진다. 물러선다. 주춤한다. 그리고 아무것도 못하는 자가 된다.

베트남전에서 포위당한 해병대의 실화이다. 지휘관이 이판사판 막판에 이렇게 외쳤다.

"우리는 포위당한 것이 아니라, 사방 어디로도 공격할 수 있다!"

파부침주(破釜沈舟).

월등한 공격력을 갖춘 진나라를 이기기 위하여 항우는 자신이 타고 온 배를 모두 물에 가라앉히고 3일치 분량의 밥을 지은 후 솥을 깨뜨리고 결사항전의 각오로 싸웠다. 돌아갈 곳이 없던 병사들은 오직 승리가 생존전략이었다.

배수진을 친다는 말과도 같다. 물을 등지고 싸우는 것이다. 물러나면 빠져 죽는다. 나아가서 싸워 뚫고 나가야만 하는 것이다.

위기가 주는 냉정함

사람은 위기 속에서 둘 중 하나를 선택한다. 위기를 만나면 무너지거나, 현명해지는 것이다. 애니메이션 〈겨울왕국〉을 보면 바위 요정 트롤이 노래하는 대사에 이런 말이 나온다.

"사람들은 힘들 때에 잘못된 선택을 하지."

위기를 만났을 때의 선택은 그 사람의 미래를 결정하게 된다. 우리

나라 속담에 '호랑이한테 물려가도 정신만 차리면 산다'는 말이 있다. 위기 상황 속에서 지혜가 필요함이 여기에 있다.

당신에게 문제가 있는가?
정신 차려야 한다! 정신 차려야 살 수 있다!
영적으로 깨어라!

생각해 보면 순종이 그리 어려운 것이 아니다. 열왕기상 17장에 보면 사르밧 과부에게는 오직 떡 한 덩이만 남아 있었다. 먹고 죽으나 그냥 죽으나, 그다지 큰 차이가 없는 상황이었다. 하지만 마지막 식사, 마지막 한 끼는 그녀에게는 그야말로 마지막이었다. 그 마지막을 하나님의 사람 엘리야에게 드렸다.

모세는 홍해에서 하나님의 말씀에 순종하여 지팡이로 바다를 가른다. 위기에 처한 이스라엘 백성들을 구해 낸다. 베드로는 밤새도록 물고기 잡기에 실패했다. 도저히 해도 해도 안 되는 물고기 잡이였다. 그러나 새벽에 만난 예수님의 '깊은 곳에 가서 그물을 던지라!'는 말씀에 순종했다. 그리고 변화는 일어났다. 모세가 이끌던 이스라엘 백성도 마찬가지였다. 가만히 앉아 바로의 군대에게 몰살을 당하나 홍해를 가르고 건너나 선택의 여지가 없었다. 여리고성 일곱 바퀴 돌기도 마찬가지다. 그들이 지금 할 수 있는 것이 무엇인가? 그 강건하고 철옹성 같은 여리고성을 뚫을 수 있는 길은 무엇인가? 아무것도 없었다. 그저 순종밖에는 없는 것이다. 그럼에도 불구하고 위기 속에서 불순종하여 죽어 가는 자들이 많다.

민 21장에 보면 불뱀 사건이 나온다. 하나님을 불신한 자들이 불뱀에 물려 죽는 사건이다. 놋쇠로 뱀 모양을 만들어 장막 한가운데 높은 장대에 걸었다. 누구든지 불뱀에 물려도 그 놋뱀을 본 자는 살았다. 그러나 끝까지 불순종하던 자들은 모두 광야에서 죽었다.

왕하 5장에도 나오는 나아만 장군의 나병 환자 고침 사건도 마찬가지다. 나아만도 선택의 여지가 없었다. 지저분해 보이는 요단강에서 씻어야만 했다. 그대로 순종하자 역사가 일어났다.

아메리카 대륙을 발견한 콜럼버스는 '만일 선원들의 투표에 의해 항해했다면 대서양을 3분의 1도 건너지 못했을 것'이라고 말했다. 선원들은 날마다 돌아가자고 주장했고 무기로 대항하면서까지 배를 돌리려고 했다. 그러나 콜럼버스는 전진명령만 내렸다. 콜럼버스는 신대륙이 있다는 믿음을 가지고 있었기에 전진할 수 있었다. 선원들은 의심하였고 가도 가도 끝이 없는 망망대해를 바라보며 무지로 인하여 두려워했다. 성공과 실패의 갈림길이 바로 여기에 있다. 콜럼버스는 4차 항해를 마치고 이사벨 여왕에게 "내가 여러 신천지를 발견한 것은 내가 가진 수학의 힘이나 항해술 때문이 아니라 나의 믿음 때문입니다."란 유명한 말을 남겼다.

믿음의 힘이 이렇게 대단하다. 오늘도 당신의 믿음으로 인하여 사는 역사가 일어나길 축원한다. 잃을 것이 없는 자의 축복이 이렇게 대단하다. 하나로만 집중하여 나아갈 수 있는 것이다. 이것저것 따지고 계산하다 보면 아무것도, 아무 일도 못 한다. 교회 일도 그렇다. 이성적인 사람들을 모아 놓고 일을 하면 아무것도 이루는 것이 없다. 세상에서 쓴맛 단맛 다 보고 더 이상 잃을 것이 없는 믿음의 사람들을 모아 놓고 일을 해 보라, 천지가 진동을 하는 일을 이룰 수 있다. 하늘 보좌를 움직이는 역사를 이룰 수 있다.

나는 누구인가? 어떤 사람인가? 더 이상 잃을 게 없는 사람인가? 아니면 아직도 잃을 게 너무 많아 근심하며 돌아가는 부자 청년인가? 제자의 길을 가라! 선택하라! 그리하면 하나님께서 크고 놀라운 일들을 이루실 것이다.

> 일을 행하시는 여호와 그것을 만들며 성취하시는 여호와 그의 이름을 여호와라 하는 이가 이와 같이 이르시도다 너는 내게 부르짖으라 내가 네게 응답하겠고 네가 알지 못하는 크고 은밀한 일을 네게 보이리라 -렘 33:2~3-

새로운 복이 필요한 것이 아니라 지금의 복을 누려라

기적이 더 필요한가?

기적은 이미 성문 밖에서 진행 중이다. 이미 기적은 일어났다는 것이다. 단지 그 기적을 성 안의 사람들은 누리지 못하고 있을 뿐이다. 설사 성 위에서 그 기적을 보면서도 누리지 못하는 억울한 인생도 되지 말아야 한다. 이미 시작된 우리 삶 중에서 펼쳐지고 진행되고 있는 복을 누리기만 해도 우리는 이미 충분히 행복할 수 있다.

그러나 현실은 항상 지금 주신 기적 같은 복은 누리지 못한 채 그 갈급함을 채우기 위해 새로운 복을 항상 하나님께 요구하며 살아간다. 하지만 하나님은 분명하고 단호하게 말씀하시기를 '내가 이미 준 복이나 누려라!'라고 하신다는 것을 명심하라

당신이 당연하게 지내고 있는 오늘이 오늘 죽어간 누군가의 간절한 내일이었다!
숨 쉬고 살아가는 오늘 이 순간이 바로 기적의 현장이다.
대한민국에 사는 것, 코리안 드림은
누군가는 가족과 생이별하면서도
목숨을 걸고서라도 오고 싶고 살고 싶어 하는 간절한 소망의 땅이다.
일어나 걷고 이 자리에 앉아 예배드리는 것도 기적이다.
오늘 아름다운 예배를 드릴 수 있고
말씀의 은혜가 있는 것이 기적 같은 축복이다.

1849년 12월 러시아의 세묘노프 광장에 반체제 혐의로 28세의 청년이 잡혀 왔다. 그는 공개처형을 당할 위기에 처해 있었다.
"이제 사형수에게 단 5분의 시간을 주겠다."

'5분 동안 난 무엇을 할 수 있을까?'

"사랑하는 나의 가족과 친구들, 먼저 떠나는 나를 용서하고 나 때문에 너무 많은 눈물을 흘리지 마십시오. 슬퍼하지 마십시오."

"2분 지났다."

"후회할 시간도 부족하구나. 나는 너무도 후회로운 삶을 살았구나."

"1분 남았다."

"이제 매서운 칼바람도 느낄 수 없겠구나. 맨발로 전해지는 땅의 냉기도 못 느끼겠구나. 더 이상, 볼 수도, 만질 수도… 느낄 수도 없겠구나. 아쉽다. 아쉽다… 너무 아쉽다."

"자 이제 사형을 집행하겠다."

철컥!

탄환장전 소리가 그의 심장을 꿰뚫었다. 몇 초간의 정적이 흘렀다. 그리고 멀리서,

"멈추시오, 멈추시오!"

흰 깃발을 든 황제의 특사가 도착했다.

그 사형수는 러시아의 대문호 도스토예프스키(1821~1881)다. 그는 그날 밤 동생에게 편지를 썼다.

"지난 일들을 돌이켜 보고, 실수와 게으름으로 허송세월했던 날들을 생각하니 심장이 피를 흘리는 듯하다. 인생은 신의 선물…. 모든 순간은 영원의 행복일 수 있었던 것을 조금 젊었을 때 알았다면…. 이제 내 인생은 바뀔 것이다. 다시 태어날 것이다."

그 후로 그는 시베리아 수용소에서 4년의 유배생활을 했다. 혹한 속에서 5kg이 넘는 족쇄를 차며 강제노동을 하며 소설을 썼다. 〈죄와 벌〉〈카라마조프의 형제들〉〈영원한 남편〉 등의 명작을 남겼다.

역시 러시아의 대문호인 톨스토이는 평생 동안 세 가지 질문을 가슴에 품고 살았다고 한다.

"그대에게 가장 소중한 사람은 누구인가?
그대에게 가장 중요한 일은 무엇인가?
그대에게 가장 값진 시간은 언제인가?"

이 질문에 대해 톨스토이는 정답까지 우리에게 말해 주고 있다.

"가장 소중한 사람은 바로 지금 그대와 함께 있는 사람입니다.
가장 중요한 일은 지금 그대가 하고 있는 일입니다.
가장 값진 시간은 바로 지금 이 순간입니다."

우리는 행복과 소중한 가치가 멀리 있다고 생각하고 자꾸 멀리서 행복을 찾으려 한다. 또 남의 것이 더 커 보이고 더 행복해 보인다. 그래서 항상 불만을 가지고 자신을 불행하다고 느끼고 있다. 하지만 지금 내가 누리는 주변의 당연한 일상들과 사람들이 가장 소중하고 행복한 것임을 알고 있는가?

오늘 이 글을 읽고 있는 여러분에게는 하나님의 계획과 목적에 의

해 만나게 된 교회와 담임목사님, 그리고 마음껏 찬양하고 은혜받을 수 있는 예배가 있을 것이다. 이런 은혜와 감격의 예배가 여러분이 누려야 할 기적 같은 재산이며 축복일진대 너무 소홀이 여기거나 내 임의대로, 편의대로 버리고 포기하고 있지는 않는가?

당신 곁에 당신을 위해 목숨을 걸 수 있는 담임목사님과 교회가 있는데도 TV에 나오는 유명한 목사님을 동경하며 대단해 여기는 어리석음은 없는가?

얼마 전 집회에 다녀온 교회의 한 집사님이 내 전화번호를 어찌 알았는지 나를 칭찬하고 존경한다는 문자를 보내왔다.

그래서 내가 그분에게 정중하게 답장을 보냈다.

"저는 집사님을 위해 목숨을 걸 순 없습니다. 오직 집사님 가정을 위해 목숨 걸 수 있는 분은 담임목사님뿐입니다."

"담임목사님을 위해 더욱 기도하시고 담임목사님을 부모님처럼 잘 섬기십시오."

"보물은 원래 가까이 있는 법입니다."

오늘 하나님께서 우리에게 주신 큰 축복을 누리게 되는 진정한 복의 주인공 되시길 축원한다. 새로운 복을 구하기에만 급급하고 능숙해지지 말고 주신 복을 찾아 누리는 데 능숙한 지혜로운 성도가 다 되시기를 간절히 축원한다.

난 움직이나 하나님의 말씀은 안 움직인다

　　한때 유명한 카피가 있었다. 모 통신사 광고에 나오는 유명한 카피다. CF를 보면, 잘 사귀던 커플의 남자가 지나가는 예쁜 여자에게 한눈을 팔다가 변심하는 장면이 나온다. 남자를 빼앗은 여자가 한마디 한다. "사랑은 움직이는 거야!" 이 카피가 많은 사람들의 가슴을 때렸다. 여자들은 고무신을 거꾸로 신기 시작했고, 남자들도 앞을 다투어 사귀던 여자를 버리고 새 애인을 만들었다. 정말 사랑은 움직이는 걸까? 아니다. 절대 그렇지 않다. 사랑은 움직여서도 변해서도 안 된다. 우리가 믿고 의지할 하나님께서 어제 한 말씀과 오늘 할 말씀이 다르다면 어떻게 신뢰를 할 수 있겠는가? 그때그때 다르다면 어떻게 믿고 따를 수 있겠는가!

> 각양 좋은 은사와 온전한 선물이 다 위로부터 빛들의 아버지께로서 내려오나니 그는 변함도 없으시고 회전하는 그림자도 없으시니라 -야고보서 1:17-

> 예수 그리스도는 어제나 오늘이나 영원토록 동일하시니라
> -히 13:8-

　　열왕기상 19장에서 엘리야에게 주신 말씀은 그의 영적권위의 계승

자 엘리사에게도 동일하게 승계된다. 사람은 달라져도, 시대는 변하여도 반드시 그 말씀은 변개치 아니하고 그 자손들에게까지라도 이어서 반드시 성취된다는 것을 알아야 한다.

어느 술주정뱅이가 있었다. 아내는 신앙생활에 열심을 다하였다. 술주정뱅이 남편은 아내의 신앙생활하는 모습이 늘 못마땅했다. 하루는 잔뜩 술이 취해서 돌아와서는 성경책을 불에 태웠다. 타나 남은 쪼가리 중 하나가 잿더미 속에서 발견되었다.

> 천지는 없어질지언정 내 말은 없어지지 아니하리라 -마 24:35-

충격을 받은 술주정뱅이는 그 즉시로 예수님을 영접하였다. 하나님의 말씀은 살아 있다. 그래서 우리는 하나의 말씀, 한 번의 선포에도 귀를 기울여야 한다.

> 하나님의 말씀은 살았고 운동력이 있어 좌우에 날선 어떤 검보다도 예리하여 혼과 영과 및 관절과 골수를 찔러 쪼개기까지 하며 또 마음의 생각과 뜻을 감찰하나니 -히 4:12-

거기서 축복의 길을 찾아야 한다.
거기서 회개의 기회를 잡아야 한다.
거기서 회복의 통로를 열어야 한다.
거기서 강건함의 비결을 배워야 한다.

거기서 내일의 비밀을 보아야 한다.

말씀에 답이 있다. 말씀에 모든 비밀이 숨어 있으며, 말씀에 바로 나의 내일이, 우리 가정의 미래의 모습이 담겨 있다. 그 말씀에 당신은 더욱 적극적이어야 하고, 더욱 절실해야 하며, 더욱 소중히 가치 있게 사랑하여야 한다.

훼손되지 않도록, 오염되지 않도록, 왜곡되지 않도록 해야 한다. 목회자를 존중하고 강단을 두려워해야 하는 이유가 여기 있다. 사람을 사랑하라는 것이 아니라, 강단을 우상처럼 섬기라는 것이 아니라, 여기에서 그 귀한 말씀이 흘러나오니 그리하라는 것이다.

나는 선포한다.
사람을 따르지 마십시오.
사람의 사견에 귀를 기울이지 마십시오.
정치에 휘둘리지 마십시오.
주님의 말씀에만 의존하고 따르십시오.
그게 정답입니다.

말씀이 이끌어 가는 교회가 정답이다. 말씀이 이끌어 가는 목사가 정답이다. 말씀이 이끌어 가는 장로가 정답이다! 만약에 이곳에서 흐르는 말씀이 하나님의 말씀이 아니라고 판단되면 당신이 아무리 우리의 감정과 관계가 돈독하여도 단호하게 결별해야 한다. 하지만 이곳에서 흐르는 말씀이 하나님의 말씀임이 분명하다면 당신은 무슨 일이 있어도, 어떤 상황 속에서도 그 말씀에 순복하고 순종하며 존중하고 사랑해야 한다.

최선을 다해 섬겨야 한다. 그렇지 않다면 그것은 바로 이 말씀을 하나님의 말씀으로 받아들일 수 없다는 선언이 되는 것이다.

하나님의 말씀인 것은 분명한데 내 맘에 안 드는 부분만 잘라 내고 받아들이는 잘못된 습관을 버려야 한다. 많은 이단들이 바로 그렇게 생겨난다. 제 입맛에만 맞는 말씀을 기대한다. 서비스를 기대한다. 한 치라도 벗어나면 바로 교회에 등을 돌리고는 떠난다. 하지만 이러한 잘못된 방황은 반드시 끝이 나야 한다.

목회자는 목숨 걸고 하나님의 분명하신 말씀만을 훼손하지 아니하고 폭포수처럼 쏟아 내어 대변해야 한다. 성도들은 목숨 걸고 그 말씀에 순종하며 그 말씀을 아끼고 존중하는 것, 이것이 바로 교회의 이상적인 모습이며 교회의 본질적 모습이다. 이 본연의 아름다운 관계가 상실되지 않길 바란다. 이것 없이 유지되는 비참한 교회, 아니 이미 교회가 아닌 교회의 모습이 얼마나 많은가?

우리 교회는 등록카드가 없다. 등록카드로 교인들의 발을 묶어 놓음이 아니라 말씀으로 하나 되는 공동체이길 원하기 때문이다. 아무리 십 년을 다녀도, 이십 년을 다녀도 말씀 안에 없으면 그것은 우리 교인이 아니다. 하루를 왔어도 그 말씀 안에 삶이 변하고 인격이 변하고, 내일의 변화를 위한 오늘의 행동이 변화되었다면 그것은 어디 있어도 우리 교인이고 목회자의 영적 자녀인 것이다 다시 한 번 기억하라! 하나님의 말씀은 변하지 않는다. 말씀이 변하길 기대할 것이 아니라 그 말씀에 내가 변해야 한다.

풀은 마르고 꽃은 시드나 우리 하나님의 말씀은 영영히 서리라
-사 40:8-

도끼는 잃어버려도 확신은 잃어버리지 말라

성경 본문에 보면 엘리사와 함께한 선지자 생도들의 숙소가 몹시 좁았다. 건축하지 않으면 안 되는 상황이었다. 당시는 건축목재가 귀한 고로 요단까지 가서 나무를 베어 와야 했다. 그 과정에서 벌어진 일이 오늘 본문이다. 당시 도끼는 매우 비싼 물건이었다. 게다가 선지생도에게 도끼란 필수품이 아니었다. 그러나 건축할 상황이 벌어지자 가장 필요한 물건은 도끼였다. 선지생도는 도끼를 빌려서 나무를 베었다. 하지만 실수로 도끼를 물에 빠뜨리는 일이 벌어졌다.

하나님의 일을 하다가, 선한 일을 하다가 실패했을 때의 교훈을 본문을 통해 찾아볼 수 있다.

하나님의 일을 하면 아무런 어려움이 없다고
쉽게 이야기하는 사람들이 있다.
아무 걸림도, 넘어짐도 없다고 말한다.
하지만 현장에서 사역하다 보면 중간에 넘어지고 때로는 실패한다.
그럼에도 불구하고
그것을 이겨 낼 힘과 능력을 공급하시는 하나님이심을 깨달아야 한다.

오늘 본문은 이것을 분명하게 보여 주고 있다.
사역 중에 실패와 좌절이 하나님의 뜻이 아닌 증거가 될 수 없다. 실패가 있으니, 예상 못한 문제가 있으니, 그만둬야 하는 것이 아니라 오히려 그것을 이기고 사역을 완수하는 것이 참 사역자의 모습이다.
베드로의 고백처럼 부당한 고난(애매한 고난)을 당할 때가 있다. 즉 선하고 의로운 일을 하다가 겪는 고난을 이겨 내는 것이야말로 아름다운 신앙이다. 예수님의 뒤를 쫓는 참 제자의 모습인 것이다.

> 부당하게 고난을 받아도 하나님을 생각함으로 슬픔을 참으면 이는 아름다우나 죄가 있어 매를 맞고 참으면 무슨 칭찬이 있으리요 그러나 선을 행함으로 고난을 받고 참으면 이는 하나님 앞에 아름다우니라 이를 위하여 너희가 부르심을 받았으니 그리스도도 너희를 위하여 고난을 받으사 너희에게 본을 끼쳐 그 자취를 따라오게 하려 하셨느니라 -벧전 2:19~21-

오늘 당신은 실패로 좌절하는가? 실수로 넘어져 있는가? 울고 있지 말고 사역의 완수를 위한 길을 구하라! 사역을 멈추지 말고 도끼가 떠오르길 기도하라는 것이다.

하나님은 물리적 체계를 뒤엎고 무너뜨리면서까지도
하나님의 사역자를 도우시며 순종할 자를 찾으신다.
나의 생각과 확률, 통계, 가능성, 인간적 계산의 범위에
하나님을 제한시키지 말라!
하나님의 역사하심을 내 인생과 사역의 순종에
포함시켜 계산할 줄 알아야 한다.

누가 도끼를 떠오르게 할 것이라 예상할 수 있었겠는가? 우리의 인간적 방법론은 도끼 주인에게 찾아가 빌 때 그 마음을 누그러뜨려 달라거나, 가는 길에 도끼를 줍게 해 달라는 것이 전부이며 그곳을 떠났다면 하나님의 역사는 맛보지 못했을 것이다.

신앙을 위해, 하나님과의 귀한 관계를 위해 당신은 지금 무엇인가가 절박한가?

내 수준의 문제 해결이 아니라, 하나님께서 그 상황과 문제를 내 상상의 범위와 간구의 범위를 넘어서 해결하시고 역사하시도록 기다리고, 기도하라! 반드시 하나님께서 그분만의 방법으로 문제를 기가 막

히게 해결하는 것을 당신은 목도하고 경험하게 될 것이다.

도끼는 잃어버릴 수 있지만 결코 확신만은 잃어버려선 안 된다.
제일 무서운 시험이 바로 내 사역과 비전에 대한 확신이 없어지는 것이다.

목사로서 가장 힘든 시간이 바로 내 사역과 말씀에 대한 확신이 없어질 때다. 그럴 때는 모든 것이 힘을 잃는다. 말씀에도 비전에도 성도들과의 관계도, 그 지위가 높아져 리더의 자리에 오를수록 마귀와 원수들의 확신을 뺏으려는 시도는 더욱 교묘해지고 더욱 악랄해지며 빈번해진다. 그것을 이겨 내야 진정한 리더가 되는 것이며, 시대를 이끌어 가는 위대한 삶의 주인공이 될 수 있다.

> 여호와여 나의 대적이 어찌 그리 많은지요 일어나 나를 치는 자가 많으니이다
> 많은 사람이 나를 대적하여 말하기를 그는 하나님께 구원을 받지 못한다 하나이다 (셀라)
> 여호와여 주는 나의 방패시요 나의 영광이시요 나의 머리를 드시는 자이시니이다
> 내가 나의 목소리로 여호와께 부르짖으니 그의 성산에서 응답하시는도다 (셀라)
> 내가 누워 자고 깨었으니 여호와께서 나를 붙드심이로다

천만인이 나를 에워싸 진 친다 하여도 나는 두려워하지 아니하리이다
여호와여 일어나소서 나의 하나님이여 나를 구원하소서 주께서 나의 모든 원수의 뺨을 치시며 악인의 이를 꺾으셨나이다
구원은 여호와께 있사오니 주의 복을 주의 백성에게 내리소서
(셀라) -시 3:1~8 -

다윗은 자신을 둘러싼 모든 시험, 괴로움을 고백하며 하나님을 더욱 의지하며 시험을 이겨 나갔다. 〈CEO 히틀러와 처칠, 리더십의 비밀〉이란 책을 쓴 로버트 앤드류는 다음과 같이 밝히고 있다.

"히틀러는 만난 사람들에게 그가 무엇이든 성취할 수 있다는 확신을 주었지만,
처칠을 만난 사람들은 스스로 무엇이든 성취할 수 있다는 확신을 주었다."

처칠은 자신과 정치노선이 다른 앨런 브룩을 참모총장에 임명하기까지 했다. 이 시대 소위 코드인사를 하는 것과는 정반대로 인사를 했다. 의견이 다른 참모총장을 임명하면 더욱 설득, 참여를 위해 스스로 많은 노력을 하게 하기 위함이었다. 또한 유능한 인재라면 정치노선이 달라도 적재적소에 배치하기를 주저하지 않은 그의 용기 때문이다.

진짜 리더는 누구인가?
자신을 높이고, 자신에게 집중하게 만드는 것이 아니다.
자신을 추종하게 만드는 리더십은 결국 붕괴되게 된다.
그러나 스스로 확신을 갖게 하고,
스스로의 잠재력을 200% 발휘하도록 이끄는 리더는 큰일을 이루어 낼 수 있다.

기도와 간구로 확신을 되찾은 이후에는 능력의 주인공이 된다. 강력한 믿음으로 담대한 인생 승리의 주인공이 된다. 우리가 확신에 차 있을 때 사람들은 몰려든다. 리더가 확신에 차 있으면 팔로워들이 몰려들게 마련이다. 축복에 대한 확신. 말씀에 대한 확신, 은혜에 대한 확신, 구원에 대한 확신이 넘치면 사람들은 자연스레 몰려든다.
이번 주 집회 사역의 어려움이 있었다. 정말 힘든 교회였다. 아멘도 없고, 반응도 없고, 산만하며, 집중하지도, 말씀에 귀를 기울이려는 시늉조차 없는 곳도 있다.

'나를 왜 불렀을까? 시간 때우기 용으로 날 불렀을까?'

그럼에도 불구하고 오늘도 최선을 다해 사역에 임한다. 내 느낌이나 감정, 기분에 따라 사역하는 것이 아니라, 하나님이 주시는 말씀에 의지하여 오늘도 작은 교회를 섬긴다.

성도들이여, 기억하라.

오늘날 교회는 확신의 부재, 확신의 실종의 시대를 살아가고 있다.

성도들은 자신의 꿈도 잃어버린 지 오래고, 스스로 무엇을 해야 할지, 무엇을 해야만 하는지, 방향도 내용도 확신 없이 사는 경우가 비일비재하다.

나가서 전도하고 사람들을 만날 때마다 확신에 차 부르짖기를 연습하고 훈련해야 한다! 교회에 대한 확신, 목사님에 대한 확신, 말씀의 은혜에 대한 확신, 부흥과 비전에 대한 확신

을 선포하고 순종해야 한다. 놀라운 열매로 하나님께서 채우시며, 그 확신에 합당한 내일이 당신의 것이 될 것이다.

무엇인가 두렵고 확신이 무뎌지며 약해지고 있는가?
그렇다면 무엇보다도 먼저 확신을 회복해야 한다.

어떻게 확신의 회복은 이루어지는가? 오늘 본문을 통하여 살펴보면 바로 엘리사를 찾고 구할 때 비로소 문제가 해결되었다는 것이다. 그들의 사역완수의 결정적 원인, 문제해결, 위기탈출의 결정적 배경은 바로 엘리사와 함께했다는 것이다. 엘리사와 함께 가길 청했다는 것이다. 일은 그들이 하지만 엘리사와 동행함, 이것이 문제와 위기로부터의 해결의 열쇠였다. 엘리사는 말씀의 통로였다. 또한 엘리사는 확신의 리더이다. 우리의 사역의 주체, 희생과 섬김의 주역은 나일지라

도, 항상 그 모든 일에 주의 종을 동행하고, 그 지도 아래 움직여야 안전한 승리를 거둘 수 있다. 요단강도 제사장들과 법궤가 앞장서 발을 담그는 순간 멈추었으며 여리고성도 제사장들과 법궤가 항상 선두에서 백성을 이끌었고 아말렉과의 치열한 전투에서도 모세가 두 손을 들고 기도함이 결국 승리의 원인이었다.

사명, 사역, 건축에 앞서 명심하라! 교회를 건축하고 큰일을 이루려면 반드시 문제가 터진다. 순종하는 것 같던 집사가 갑자기 교회를 떠나간다. 헌금을 잘하던 성도가 떠난다. 문제가 발생하기 시작한다. 가장 순종할 것 같던 장로가 반대하며 일어선다. 뭔가 믿음을 결단하고 신앙생활을 제대로 하고자 하면 사단이 역사한다. 그때마다 기도로 믿음과 확신을 청하시고(시편 3:4) 말씀 속에서 확신을 구하고, 질서를 따라 주의 종의 지도와 훈계를 받으라! 그것이 가장 안전한 사명과 승리의 길임을 명심해야 한다.

교회에도 위기가 오다

간디(Gandhi, 1869~1948)는 젊은 시절 영국 유학을 하며 많은 공부를 했다. 성경을 읽으며 예수 그리스도의 가르침에 깊은 감명과 감화를 받았다. 그래서 그는 유학 중에 영국에 있는 교회 문을 두드렸다. 전 세계 수백 군데의 식민지를 다스렸던 영국은 유색인종에 대한 차별이 극심하였다. 간디가 찾아간 그 어느 교회도 그를 맞아 주지 않고 내쫓았다. 지친 그가 유명한 말을 남겼다.

"나는 그리스도는 존경합니다. 그러나 그리스도인은 경멸합니다."

지난 1985년 한국교회 전체 예산이 매스컴에 공개된 적이 있다. 당시 4,400억 원이었다. 지금도 결코 적은 돈이 아니지만 30여 년 전으로써는 상당히 큰 액수의 돈이었다. 즉각 비판적인 반응들이 쏟아져 나왔다.

"교회가 부자구나, 돈이 많구나! 나쁜 놈들."

그런데 그해 술로 쓴 돈이 얼마인줄 아는가? 놀라지 마시라. 자그마치 2조 3천억 원이었다. 교회 전체 예산의 5배가 넘는 돈을 술로 마셔 버렸다. 술 마시고 흥청망청 소비한 데 대해서는 관대하지만, 교회가 사용한 돈에 대해서는 사람들이 분노했다. 내가 하면 로맨스, 남이 하면 불륜이기 때문인가? 1985년 고아원, 양로원, 장애인시설과 각종 복지시설들이 모두 455개였다. 이 중에 84%는 교회가 세웠고 교회에서 운영하고 있었다는 사실은 망각하고 있었다. 지금도 상황은 비슷하다. 하지만 교회는 세상에서 여전히 돈 많은, 돈밖에 모르는 악질 세력으로 몰아붙여진다.

그렇다고 우리들이 세상과 분노하고 대적할 일이 아니다. 그들의 기대치에 합당한, 기대에 부응하려고 노력해야 한다. 더욱 거룩하고, 정직하고, 성실하고, 책임감 있는 삶으로 답하는 것이 가장 안전하고 아름다운 모습이다.

본문에 보면 엘리사를 비판하는 말이 나온다.

"대머리여, 올라가라."

엘리사의 외모가 자연적인 대머리였는지, 아니면 당시 선지자들이 많이 하던 삭발이었던 것인지 의견이 분분하다. 어찌 되었던지 간에 그런 외모는 당시 비판적인 사람들의 눈에 영적 권위를 줄 수 없었던 모양이다. 요즘 젊은 미혼 여성들이 가장 기피하는 남자들 중 하나가 대머리라고 한다. 그때나 지금이나 대머리는 인기가 많이 없다. 몇 해 전에 인터넷 채팅을 하며 '대머리'라고 놀린 것은 무죄에 해당한다는 황당한 판결이 나온 적도 있다. 사회통념상 대머리는 일반 명사로 욕으로 볼 수 없다는 내용이었다. 그러자 이 기사에 바로 댓글이 달렸다. "판사님을 대머리라고 놀리면 기분이 좋겠습니까? 황당스럽네요."

오늘 나에 대한 모욕과 조롱에 분노하는가? 어찌 보면 억울할 것도 같지만 가만 생각해 보면 나에 대한 기대치가 높다는 반증이 아닐까? 분노 대신 그 기대치에 합당한 모습으로 살아가는 교회와 목사, 그리고 성도가 되면 어떨까?

　다른 종교에 비해서 절대적으로 욕을 많이 먹는 기독교. 사회적 기여와 공헌이 절대적으로 많음에도 작은 실수와 부정적 단면에 흥분하여 달려드는 안티 기독교 정서에 불쾌하고 짜증 날 때가 많다. 기대가 크면 실망도 크기 마련이다. 과거에는 권위에 감히 도전할 생각을 못 했다. 목사가 잘못할 때에도 비판하지 못했다. 교사가 잘못할 때도 비판하지 못했다. 의사가 잘못할 때에도 비판하지 못했다. 과거 60년대 의사가 불륜을 피우는 영화가 상영된 적이 있다. 전국 의사협회에서 들고 일어나 영화상영을 중단하라고 한 적이 있다. 그 당시 권위를 잘 이해하지 못했기 때문이다. 영화를 영화로 보지 못하고 현실로 받아들였기 때문이다. 그러나 정치가 바뀌고 정권이 바뀌면서 절대적인 권위가 무너지기 시작했다. 선생님들이 학교에서 담탱이라 놀림을 받고, 목사님은 교회나 세상에서 동네북으로 욕을 먹는다. 이단 사이비 단체에서 목사라고 부르면 기성교회 목사님들도 다 도매급으로 넘어간다.

　대통령을 지나가는 똥개 이름 부르듯 하는 시대가 됐다. 좋은 시대가 왔는가? 아니다. 결코 바람직한 일이 아니다. 권위가 무너지면 조직의 뼈대가 무너지는 것이다. 평등한 세상이 좋은 것 같지만 권위가 무너진 평등은 평등이 아니라 혼돈과 방종이다. 잘못한 것은 바로 잡아야 하지만 권위 자체를 부정하고 몇몇 사람의 잘못을 전체의 잘못처럼 매도하여 권위를 무너뜨리는 행위는 성경 가르침과는 거리가 먼 것임을 명심해야 한다. 인도의 간디는 국가가 멸망할 때 나타나는 징

후를 이렇게 말했다.

　원칙 없는 정치
　노동 없는 부
　양심 없는 쾌락
　인격 없는 교육
　도덕 없는 경제
　인간미 없는 과학
　희생 없는 신앙

본질을 잃어버린, 알맹이를 빼 버린 사회는 반드시 멸망한다는 말이다. 권위는 사회를 지탱하는 하나님께서 세우신 뼈대이다. 정치인 하나가 잘못한다고 정치 체계 자체를 부정하고 국가 조직을 부정하는 태도는 결코 바람직하지 않다. 사회와 국가를 지탱하는 본질은 권위이기 때문이다. 엘리사를 놀리는 태도, 비웃는 태도, 권위에 도전하는 태도는 바람직하지 않다.

치명적 약점은 건드리지 말라

상대를 높이는 칭찬이 도리어 그 사회의 문화, 환경에 따라 도리어 칭찬이 아니라 화가 될 수 있다. 평양에서는 '모델' 같다는 칭찬에 버럭 화를 내는 북한 여성들이 많다. 북한의 미인형은 모델처럼 날씬한 사람이 아니라 우리나라 이영자 같은 사람이란다. 얼굴이 통통하고 살이 쪄야 미인이란다. 이해도 안 가고 납득도 안 가지만, 거기에는 그렇다고 한다. 거기서 그렇다면 그런 것이다. 토를 달지 말아야 한다. 로마에 가면 로마법을 따라야 한다. 우리 아들 안드레는 유독 머리 건드리는 것을 싫어한다. 안드레와 싸우고 싶으면 머리를 건드리면 된다. 민감하게 반응하는 부위가 머리다. 아빠인 나도 함부로 안 건드린다. 혹 실수로 건드렸다면 바로 사과해야 한다. 그래와 싸움을 막을 수 있다.

성경에서 엘리사에게 대머리라고 놀린 것은 '이방 숭배자같다'는 비아냥거림이다. 다른 말로 하면 목회자의 권위에 대한 도전이다. 하나 더 나아가 "올라가라!"고 놀렸다. '엘리야처럼 너도 승천해 보라'는 말이다. 목사에 대한 권위에 도전했고, 스승과 비교하며 영적인 자존심을 짓밟았다. 엘리사는 여기에 발끈했다. 엘리사는 말씀을 어겨 가며 당시 우상숭배자들이 강제로 머리를 밀었던 것을 흉내 낸 것이 아니었다. 그야말로 자연적인 대머리였다. 그가 어찌 할 수 없는 것이었다. 여자들이 첫 번째로 미팅에서 제외시키는 폭탄 1번이 키 작은 남자이다. 두 번째 폭탄이 바로 대머리다. 하지만 키 작은 것과 대머리는 자신의 힘으로 어찌할 수 없는 것이다. 소위 불가항력(不可抗力)의 문제다. 불가항력의 문제는 건드려서는 안 되는 것이다. 성경에는 강제로 머리를 밀어 대머리로 만들지 말라고 기록하고 있다.

> 제사장들은 머리털을 깎아 대머리 같게 하지 말며 자기의 수염 양쪽을 깎지 말며 살을 베지 말고 그들의 하나님께 대하여 거룩하고 그들의 하나님의 이름을 욕되게 하지 말 것이며 그들은 여호와의 화제 곧 그들의 하나님의 음식을 드리는 자인즉 거룩할 것이라 -레 21:5~6-
>
> 너희는 너희 하나님 여호와의 자녀이니 죽은 자를 위하여 자기 몸을 베지 말며 눈썹 사이 이마 위의 털을 밀지 말라 -신 14:1-

정치인들의 막말 끝장 정치를 쉽게 볼 수 있다. 정책과는 상관없는 자식 이야기를 하고 아버지 이야기를 끄집어낸다. 심지어 과거 기억도 나지 않는 출생의 비밀까지 다 까발려 철저하게 상대가 무너지기를 바라며 인신공격도 일삼는다. 그러다가 선거가 끝나면 '아님 말고' 식이다. 이미 선거는 끝나고 나서야 사실 여부가 거짓으로 밝혀진다. 하지만 선거는 이미 진 후다. 이것보다 억울한 일이 어디 있겠는가?

부부간의 도를 넘는 상처의 말들도 많다. 부부간에 절대 사용하지 말아야 할 말들, 그것은 단정하는 말, 단언적인 말이다.

"다시는… 절대로… 기필코… 더 이상…"

사실 이런 말들은 하나님께서 하시는 말이다. 우리 인간들은 가급적이면 이런 단언하는 말, 단정하는 말을 사용하여서는 안 된다. 하지만 부부간에 화가 머리끝까지 치밀어 오르면 쉽게 내뱉는다.

"다시는 당신과 말하지 않을 거야."
"절대로 당신을 용서할 수 없어!"
"기필코, 하지 말라는 일을 했군! 이젠 끝이야!"
"더 이상 자비는 없어. 끝이야."

개인은 물론 국가 간에도 해서 안 되는 말들이 있다. 일본이 우리에게 심심하면 하는 말이 있다. "독도는 우리 땅이다." 어림없는 소리지만 쉬지 않고 잊힐 만하면 해 댄다. 국민들은 감정의 골이 깊어지고, 무역이 일시로 중단되기도 한다.

상대의 치명적 약점을 건들게 되면 마음이 상하게 된다. 마음이 상하게 되면 이후에는 걷잡을 수 없는 상황에 다다르게 된다. 그래서 항상 말을 조심해야 한다.

누구든지 스스로 경건하다 생각하며 자기 혀를 재갈 물리지 아니하고 자기 마음을 속이면 이 사람의 경건은 헛것이라
-약 1:26-

우리가 다 실수가 많으니 만일 말에 실수가 없는 자라면 곧 온

전한 사람이라 능히 온몸도 굴레 씌우리라 우리가 말들의 입에 재갈 물리는 것은 우리에게 순종하게 하려고 그 온몸을 제어하는 것이라 -약 3:2~3-

상대에 대한 최소한의 예절과 배려만 있어도 함부로 말을 내뱉을 수는 없다. 고린도 전서 13장에서 사랑은 무례히 행하지 않는다고 말씀하고 있다. 우리는 혀를 잘 다스려야 할 것이다. 특별히 권위를 우습게 여기는 말, 함부로 하는 말, 조롱하는 말들은 재갈을 물려야 할 것이다.

권위에 대한 친밀감을 가져 보라

누누이 강조하지만 인생의 성공은 권위와 친해지는 것이다.
이 시대 젊은이들의 무분별한 공권력에 대한 불신과 항거가 너무도 안타깝다.
처음엔 멋있어 보일 수 있다.
그러나 이미 권위를 불신하고, 권위를 무너뜨리는 것에 재미를 붙인다면,

이미 그 사람은 젊은이가 아니라 늙은이다.

오늘날의 권위에 대한 도전은 예전 선배들의 정의감, 독재에 대한 숭고한 저항정신과는 확연히 다르다. 권위에 대한 도전이 아니라 '분노를 위한 분노'라는 트렌드가 되어 버렸다. 얼마 전 취업을 못한 젊은이들을 상대로 인터넷 설문조사를 했다. 취업을 못 하고 있는 이유 1위가 무엇인지 아는가? '국가 때문에, 정부 때문에'였다. 2위는 '외모 때문에'였다. 안타까운 일이 아닐 수 없다. 외적인 조건, 외부적인 환경 때문이라고 말한다. 자신의 노력 여부의 잘못을 찾기보다는 외부에서만 찾는 풍토이다.

그리스도인이 그렇다면 권위와 부딪혀 싸우지 말아야 할까? 두 가지 이유가 있다.

첫째, 모든 권위는 하나님으로부터 기인한 것임을 알아야 한다. (하나님은 질서의 하나님)

각 사람은 위에 있는 권세들에게 복종하라 권세는 하나님으로부터 나지 않음이 없나니 모든 권세는 다 하나님께서 정하신 바라 -롬 13:1-

로마서 13장은 많은 사람들이 거부한다. 말도 안 되는 성경말씀이라고 삭제하려 든다. 때로는 불의한 정권이 있다. 하나님을 대항하는 사악한 정권이 있을 수 있다. 그럴 때는 순교의 각오로 마틴 루터처럼 저항해야 한다. 그러나 대부분의 정권은 선악을 논하기에는 어렵다. 정책의 문제이지 선악의 문제가 아니다. 우선순위의 문제지 선악의 문제는 아니다. 그러나 대부분 권위를 무너뜨리고 투쟁하고 싸우는 사람들을 가만히 살펴보라. 상대를 악으로 묘사하고 밀어붙인다. 효율의 문제가 될 수 있을지언정 선악의 문제는 아니건만 선악의 프레임에 밀어 넣는다.

둘째, 권위와 충돌하는 것은 결국 자신을 해치는 일이기 때문이다.

> 왕의 진노는 사자의 부르짖음 같으니 그를 노하게 하는 것은 자기의 생명을 해하는 것이니라 다툼을 멀리 하는 것이 사람에게 영광이거늘 미련한 자마다 다툼을 일으키느니라
> -잠 20:2~3-

창원에서 한 학부형이 마음에 들지 않는다고 선생님을 폭행, 감금, 협박한 일이 있었다. 해외토픽에나 나올 기가 막힌 일이 우리나라 교육의 현장 한복판에서 일어난 것이다. 미국 같은 선진국에서는 선생님을 폭행하면 중형에 처한다. 단순 폭행죄에 가중처벌을 한다. 교사의 권위를 철저하게 인정한다. 같은 폭행죄라고 해도 죄질이 매우 악한 것으로, 권위에 대한 도전으로 여겨 중대한 처벌을 내린다. 그러나 우리나라는 그런 것이 없다. 기가 막힌 이 시대의 상황이 아닐 수 없

다. 권위와 친해지면 성공한다. 권위의 중심에 있는 사람들과 친하게 지내면 좋은 일이 생긴다. 아부하라는 소리가 아니다. 관계를 항상 좋게 가지라는 말이다.

할 수 있거든 너희로서는 모든 사람으로 더불어 평화하라
-롬 12:18-

위기탈출 대응 매뉴얼 Ⅱ

회개를 우습게 여기고 무책임하고 무질서한
나의 삶을 버려야 내일의 희망이 있다.

위기탈출은 회개로부터

1904년 영국의 웨일즈의 한 탄광에서 석탄을 캐는 평범한 젊은이가 있었다. 그의 꿈은 타락한 영국이 회개하여 하나님의 품으로 돌아가게 하는 것이었다. 그의 영국을 향한 열망은 너무도 크게 불타올랐다.

'수많은 영혼들이 하나님께로 돌아와야 하는데, 회개해야 하는데….'

견디다 못한 그는 하루는 인근 교회 목사를 찾아가 부탁했다.
"목사님, 제게 강단에서 말씀을 전할 수 있도록 해 주십시오."
"자네 같은 탄광노동자가 무엇을 한단 말이오? 설교가 뭔지나 아시오?"

그러나 목사는 간곡한 부탁에 못 이겨 30분간 강단을 빌려 주었다.

그의 메시지는 단순했다. 화려하지 않았다. 기교도, 웅변적으로 감정에 호소하는 것도 아니었다.

"생각나는 모든 죄를 하나님께 고백해야만 합니다."
"생활 속에서 좋지 않은 습관은 모두 제거해야만 합니다."
"성령님의 인도하심에 즉각 순종해야 합니다."
"그리스도를 증거하기 위해서 대중에게 나아가야만 합니다."

그날 목사를 포함하여 앉아 있던 17명에게 성령이 임하셨다. 그들은 자신들 안에 감춰져 있던 죄악을 발견하였고 울부짖으며 회개하였다. 마침내 위기탈출의 신호탄이 하늘로 높이 쏘아 올려진 순간이 된 것이다. 이 회개 운동은 영국 전역을 휩쓸었다. 웨일즈 전역은 단 5개월 만에 10만 명이 회개하였다. 이 젊은이가 가는 곳마다 회개의 소용돌이가 몰아쳤다. 2년여 동안 2백만 명이 넘는 영국인들이 회개했다. 그들은 신분, 지위 고하를 막론하고 회개에 동참했다. 심지어 법정에서 재판관이 죄수를 위해 기도하는 상황도 벌어졌다. 젊은이의 이름은 바로 이반 로버츠(Evan Roverts)였다.

1907년 평양 대부흥운동의 도화선이 된 것도 선교사들의 회개에서 먼저 시작되었다. 회개는 개인은 물론, 한민족, 국가를 살리기도 한다.

오늘 본문은 엘리사를 죽이려 한 여호람의 회개하는 장면을 기록하고 있다. 여호람은 자객을 보내어 엘리사를 죽이려 했다. 하나님의 선지자를 대적하는 것은 하나님을 대적하는 것과 같은 행위다. 여호람은 엄청난 범죄를 한 것이다. 인간은 범죄할 수 있다. 얼마든지 잘못된 길을 갈 수가 있다. 그러나 그때에 회개하는 것이 매우 중요하다. 회개는 그 사람을 통째로 바꿔 놓기 때문이다. 회개는 인생의 터닝 포인트가 된다.

예수님과 세례 요한이 복음 전파하실 때에 처음에 하신 말씀도 회개였다. "회개하라. 천국이 가까웠느니라."는 말씀이었다. 이것은 회개가 얼마나 중요한가를 증거해 주는 것이다.

회개하고 예수 그리스도를 믿을 때 영생을 얻게 되고 천국에도 들어가게 되며 회개할 때 재난이 물러가고 영혼이 잘 되고 범사에 잘 되고 강건한 축복을 받게 된다.

팔복 가운데도 '애통하는 자는 복이 있나니 저희가 위로를 받을 것이요'라고 말씀했고, 구약의 이사야도 부름을 받을 때에 하나님을 뵙고 난 후에 자기의 추한 죄를 깨닫고 '화로다, 나여 망하게 되었도다 나는 입술이 부정한 사람이요 입술이 부정한 백성 중에 거하면서 만군의 여호와이신 왕을 뵈었음이로다'라고 탄식하며 회개하고 재단 숯불로 정하게 함을 받은 뒤에야 하나님의 말씀을 능력 있게 증거하는 선지자가 되었다. (이사야 6:5-8)

신약의 베드로도 죄를 고백하고 인정할 때에 사람 낚는 어부, 복음을 전하는 귀한 사도로서의 인생을 시작하게 된다.

> 시몬 베드로가 이를 보고 예수의 무릎 아래에 엎드려 이르되 주여 나를 떠나소서 나는 죄인이로소이다 하니 -눅 5:8-

먼저 내가 회개하지 않고는 다른 사람을 회개시킬 수가 없다. 회개를 깊이 한 사람의 말씀은 예리한 칼과 같이 다른 사람의 심령을 찔러 쪼갤 수 있다. 회개하지 못하고 거룩하지도 못한 목사가 회개하라고 설교하고 거룩하라고 설교한다면 사람들은 밑에서 속으로 수군거린다.

"너나 잘하세요."

'성도들은 목사가 헌신한 만큼 헌신한다'는 말이 있다. 목사가 먼저 거룩함을 맛보지 않고는 그 근처에도 성도들을 이끌기가 어렵다. 성 어거스틴은 방탕한 사람이었지만 하나님 말씀을 접하여 깊이 회개한 뒤에 죄의 욕망이 가끔 일어나면 그럴 때마다 팔을 물어뜯으면서 자신의 죄를 회개하였다. 마틴 루터는 자기의 죄를 깨닫고 졸도하기까지 하는 심각한 회개를 하였다. 처절한 회개가 없는 목사가 회개를 이끄는 것은 불가능한 것이다.

시편 51편 17절에 보면 '하나님의 구하시는 제사는 상한 심령이라 하나님이여 상하고 통회하는 마음을 주께서 멸시치 아니하시리이다' 하고 말씀하셨다. 하나님은 자기의 죄를 깨닫고 깨어진 심정으로 애통하며 회개하는 자를 기뻐하신다. 회개할 때 다시 일어설 용기가 생기는 것이다

회개의 탈출구를 이용하라

그런데 여호람 왕에게 문제가 생겼다. 회개에 적신호가 들어왔다. 왕복 속에 굵은 베옷을 입었다. 겉보기에는 회개하는 형식을 갖췄다. 외형상은 슬픔과 참회 속에 있는 듯하였다. 그러나 급한 불을 끄고 위기를 모면하려는 가증한 기만이요, 떼우기 식, 땜질처방의 회개였다. 이런 의식 속에서는 진정한 희망과 소망을 맛볼 수 없다.

다윗은 쓰임받고 왜 사울은 버림을 받았을까? 그들의 차이점은 무엇인가? 죄의 유무가 아니다. 사울도 실수의 사람이요 다윗도 실수의 사람이다. 모두다 인생의 위기와 실패를 맛 본 사람들이다. 죄악 속에 빠졌던 우리네 같은 평범한 사람들이었다. 하지만 한 사람은 버림받았고 한 사람은 하나님의 축복 속에 대를 이어 신앙의 명문가요 축복의 왕가를 이어갔다.

그 차이점은 바로 문제와 실패 속에서 회개의 적절한 반응 여부였다. 사울은 그저 그 위기만을 모면하려는 가증한 마음으로 회개의 형식과 모양만 갖추었고, 다윗은 진정한 회개와 죄에 대한 책임과 아픔을 스스로 감당했다.

> 사울이 사무엘에게 이르되 내가 범죄하였나이다 내가 여호와의 명령과 당신의 말씀을 어긴 것은 내가 백성을 두려워하여 그들의 말을 청종하였음이니이다

청하오니 지금 내 죄를 사하고 나와 함께 돌아가서 나로 하여금 여호와께 경배하게 하소서 하니 사무엘이 사울에게 이르되 나는 왕과 함께 돌아가지 아니하리니 이는 왕이 여호와의 말씀을 버렸으므로 여호와께서 왕을 버려 이스라엘 왕이 되지 못하게 하셨음이니이다 하고 사무엘이 가려고 돌아설 때에 사울이 그의 겉옷자락을 붙잡으매 찢어진지라
사무엘이 그에게 이르되 여호와께서 오늘 이스라엘 나라를 왕에게서 떼어 왕보다 나은 왕의 이웃에게 주셨나이다 이스라엘의 지존자는 거짓이나 변개함이 없으시니 그는 사람이 아니시므로 결코 변개하지 않으심이니이다 하니 사울이 이르되 내가 범죄하였을지라도 이제 청하옵나니 내 백성의 장로들 앞과 이스라엘 앞에서 나를 높이사 나와 함께 돌아가서 내가 당신의 하나님 여호와께 경배하게 하소서 하더라 -삼상 15: 24~15:30-

 사울은 왕좌를 잃어버릴까봐 전전긍긍하는 회개의 모습을 보였다. 하나님의 어떠한 처분도 달게 받겠다는 자세가 아니었다. 죄에 대한 대가를 거부한 채 매달렸다. 이것은 진정한 회개가 아니다.
 여호람도 마찬가지였다. 회개의 외적모습만 있지 결코 그 마음에는 하나님을 경외하는 마음도 자신의 악행과 범죄들을 중단하고 바로잡을 마음도 가지고 있지 않았다.

 오늘 여호람의 실패와 아픔 속에서 우리들의 자화상을 보아야

한다.

우리도 회개의 모양과 입술은 있는데 진정한 회개의 삶은 없지 않는가?

어느새 회개가 습관이 되고 회개가 형식으로 익숙하게 굳어지진 않았는가?

경건의 모양은 있으나 경건의 능력은 부인하니 이 같은 자들에게서 네가 돌아서라 -딤후 3:5-

세련되게 오히려 회개의 형식을 취하지만
내 마음대로 살며, 내 고집대로 멋대로 사는
가증스러움을 버려야 한다.
회개를 우습게 여기고 무책임하고 무질서한
나의 삶을 버려야 내일의 희망이 있다.

잘못된 회개는 다음 3가지가 있다.

1) 죄를 인정하지 않는 회개

죄를 인정하지 않으면서 체면치레로 회개하는 경우다. 마지못해 하는 회개에는 진실함이 없고, 죄의 고백이 없다. 회개를 하나의 요식행위로 치부하는 사람에게는 사죄의 은총이 내릴 수 없다.

2) 고백은 하는데 형식적이고 지극히 관습적인 회개

차를 운전하다 보면 초보운전자의 황당 경고문이 눈에 들어올 때가 있다. '나도 내가 무서워요' 겸손한 것 같지만 알아서 피하라는 일종의 세련된 협박이다. 죄를 고백하는데 처절한 반성이 없다. 마치 남의 죄를 대신 고백하는 것처럼 한다. 젊은 아이들 말로 '영혼 없는' 회개다.

3) 죄의 진정한 인정 후에도 삶이 변하지 않은 채 계속되는 죄

주일마다 눈물의 회개 후 다시 악랄한 폭력을 일삼는 군대 고참이 있다. 차라리 눈물 흘리지 말고 악을 행하면 참기라도 하겠다. 그러나 그 가증스러움에 할 말을 잃는다.

한 교회의 장로로 대표기도 할 때는 얼마나 회개의 기도를 잘하는지 모른다. 그런데 회사로 돌아오면 악덕기업주다. 그 회사에 속한 사원들은 기독교라면 혀를 내두른다. 그런데 그 장로는 하나님께서 자기를 축복해 주셔서 이렇게 큰 기업을 이루었다고 간증하고 다닌다. 끔찍한 일이다. 삶이 변하지 않는 회개는 회개가 아니다. 입술로만 한 회개는 회개가 아니다. 영화 〈밀양〉에서 보면 이창동은 기독교인들에게 계속해서 유괴범을 통해 메시지를 던진다. 유괴범은 아이를 살해하고도 그 아이 엄마에게는 회개하거나 미안함을 가질 필요가 없다고 말한다. 용서를 구할 필요가 없다고 주장한다. 이미 하나님께서 용서해 주셨기에 괜찮다고 말한다. 소위 구원파가 말하는 식의 회개이다. 회개에 합당한 열매를 맺어야 한다.

삭개오는 부정축재로 모은 재산의 절반을 가난한 자들에게 나눠 주겠다고 했다. 자기가 속여 빼앗은 것이 있다면 4배로 갚겠다고 말했다. (눅 19:8) 철저한 회개의 열매를 맺은 것이다. 어느 필리핀 선교사님이 필리핀에 교회를 세웠다. 교회는 날로 부흥하여 건축하지 않으면 안 되었다. 자체 헌금을 하고, 여기저기 발품을 팔며 후원금을 모았다. 겨우 건축할 수 있는 돈 2000만 원이 마련되었다. 필리핀 현지인 장로를 건축위원장으로 세웠다. 그리고 일을 추진시켰다. 그런데 시간이 갈수록 건축이 지지부진했다. 은근히 조사를 해 보니 믿고 맡겼던 현지인 장로가 돈을 중간에서 착복한 것이다. 시멘트를 30포 사라고 돈을 100만 원을 주면, 15포만 사고 30포 산 것처럼 이중으로 영수증을 만들었다. 50만 원을 착복한 것이다. 이런 식으로 매달 착복한 액수가 1000만 원에 달했다. 건축은 반쯤 했는데 돈은 바닥난 것이다. 선교사님이 장로를 불러 자재와 장부를 대조하기 시작했다. 거짓말은 금방 들통이 났다. 그런데 놀라운 것은 그 자리에서 그 장로가 무릎을 꿇고 눈물을 흘리며 자신의 잘못을 시인하며 통회 자복하는 것이었다.

"장로님, 왜 이런 짓을 했나요?"
"딸아이 병원비가 없어서 그랬어요. 용서하세요. 흑흑흑……."

선교사님은 장로 가정을 잘 살피지 못함을 자책하며 용서해 주었다. 그런데 이후에 똑같은 일이 또 생겼다. 또 중간에서 착복한 것이다. 이번에도 똑같이 크게 소리 내 울며 참회의 모습을 보였다.

"어머니를 모셔야 해서 그랬어요. 죄송해요. 용서해 주세요. 흑흑흑."

그러나 거짓말이었다. 장로는 계속해서 전에도 이번에도 거짓말을 한 것이다. 교회 돈을 빼돌려 자신의 집을 사는 데 사용하고, 딸아이 결혼하는데 썼다. 모든 사람이 다 그런 것은 아니지만 필리핀의 일부 사람들은 오랫동안 식민지 생활을 해서 그런지 책임의식이 없고 잘못이 들통 났을 때는 일단 살고 보자는 식으로 싹싹 빌며 행동한다는 것이었다.

가식적인 회개는 아무리 진정성이 있어보여도 회개가 아니다. 그러므로 진정한 회개의 탈출구를 이용하여 나가야 한다.

회개를 이리저리 요리해도 모두 다 똑같다. 아무리 진정성 있는 뉘우침이 있어 보여도 그 죄에 대한 지속적인 반복은 죄를 부정하는 것이다. 형식적인 고백으로 때우는 것과 모두 동일한 것이다. 다르다고 생각하지 말라!

근본적 문제 해결은, 원천봉쇄하는 것이다. 죄를 짓지 않으려 노력해야 한다. 빙판길 노인들의 낙상 골절 사고가 빈번하다. 일단 부러지고 나면 칼슘 처방으로 훨씬 빨리 뼈가 붙고 아물도록 치료를 한다. 그런데 얼마 전 연구결과에 따르면 비타민D 섭취를 통해 균형감각과 평형감각이 좋아져서 낙상사고를 17%나 줄일 수 있다는 연구결과가 나왔다. 아예 넘어지지 않게 도움을 주는 것이 문제를 근원적으로 해결하는 길이다. 삼국지에 독화살을 맞은 관우를 치료했던 명의 화타(華陀)에게는 형 두 명이 있었다. 삼형제는 의술이 당대 최고였다. 그런데 사람들은 삼형제 중에 화타를 가장 칭송하였다. 그러나 그는 극구 그렇게 말하지 않았다.

"저는 의술이 아주 미진합니다. 큰형님이 제일 의술이 뛰어나십니다."
"왜 그렇습니까?"
"큰형님은 병이 생기기도 전에 원인을 찾아 예방합니다. 그래서 형님이 사시는 동네에는 환자가 단 한 사람도 없습니다."
"그런가요? 둘째 형님도 뛰어나신가요?"
"둘째 형님은 큰형님보다는 못하지만, 병이 생기면 중병이 들기 전에 치료를 시작합니다. 그래서 중병으로 죽은 사람이 그 동네에는 단 한 사람도 없습니다."
"그럼 화타 선생은 어떠신가요?"
"제가 실력이 미진합니다. 병이 깊이 들어 중하게 되어서야 비로소 치료를 시작하니까요. 이에 비하면 저희 형님들이 훨씬 저보다 의술이 뛰어남을 알 수 있습니다."

죄를 지을 만한 환경, 여건, 분위기, 상황을 처음부터 만들지 않도록 하는 지혜가 필요하다. 회개할 상황을 만들지 마라! 이것이 지혜이다.

꿈을 잃어버린 위기에서 탈출하라!

하나님의 사람 엘리사를 극진히 사역을 돕던 수넴 여인이 있었다. 그녀는 항상 엘리사를 섬겼고, 그를 위해 헌신하였다. 엘리사는 자신을 극진하게 보살피고 섬긴 수넴 여인의 가정에 보답하고 싶었다. 수넴 여인의 가정을 위해 축복을 선포하고 축복을 빌어 주고자 했다.

그런데 어찌 된 일인지 그녀는 아무것도 바라는 것이 없었다.

"무슨 바라는 것이 있느냐?"
"나는 내 백성 중에 거주하나이다."

이 말은 다음 말의 완곡한 표현이다.
'백성 중에 평안히 자족하며 살고 있습니다. 욕심내거나 바랄 만한 것이 하나도 없습니다'라는 뜻이다.

그녀는 참으로 귀한 여인이었다. 부귀와 명예를 다 누리며 살고 있는 귀족 같은 사람이었다. 그러나 그녀에게는 자녀가 없었다. 나이는 들고 이미 포기한 지 오래된 소망이었다. 기도하지도, 바라지도 않는, 의욕을 상실한 상태였다.

많은 교회들을 보면 꿈을 잃어버린 심각한 위기 속에서 살고 있음을 본다. 아인슈타인은 '모두 생각이 같거나 비슷하다면, 아무도 생각하고 있지 않다는 말이다'라고 말했다.

아무 생각 없이 하루를 또 보낸다면 미래는 없다.
그저 어제와 같은 오늘을 살고 있는가?
반복되는 삶에는 반복되는 결과만 나온다.
무의미한 꿈이 없는 삶의 결과는 뻔하다.
내일도 어제처럼 오늘을 산다면,
내일은 어제와 같은 시간을 경험하게 될 것이다.
아무 생각 없이 살아가는 인생은 아무 결과도 낳지 못한다.

마산에 갔더니 건실한 교회가 있었다. 목사님의 설교도 좋고, 목회 철학도 성경적이었으며, 교인들의 사랑을 받는 훌륭한 목회자였다. 교회 분위기도 좋았다. 그런데 신기하게 교회가 부흥되지 않는다. 도대체 왜 그럴까? 그 목사님과 상담하다가 목사님 스스로 원인을 발견했다.

"제 꿈이 죽어 버렸기 때문일지도 모릅니다."

그렇다! 원인을 찾았다. 꿈을 잃어 버렸기에 부흥이 멈춘 것이다. 많은 교회들이 자립하여 안정기에 접어들면서 교회 부흥이 멈추는 이유는 단 한 가지다. 바로 더 이상의 꿈을 꾸지 않기 때문이다. 교회생활도 즐겁다. 봉사할 만하다. 힘에 겹지도 않다. 감당할 만하다. 분위기도 좋다. 교회 오면 천국 같다. 교회에는 빚도 하나도 남김없이 다

갚았다. 불편한 건 거의 없다. 도리어 재정이 남아돌아 선교도 하고 구제도 한다. 모든 게 괜찮다! 그러나 정작 중요한 하나님의 꿈을 잃어버렸다. 더 이상 영혼을 구원하고자 하는 열정, 하나님께서 잃어버린 영혼을 간절히 찾기를 원하시는 그 피맺힘의 절규가 없다.

개척할 당시에 나의 소원은 30명이었다. 더도 말고 덜도 말고 딱 30명만 있어도!

"하나님, 이 예배당에 30명만 채웠으면 소원이 없겠습니다!"

그렇게 날마다 새벽기도 나오는 7명을 바라보며 기도했다. 그러나 개척교회 30명이 되기까지 참으로 많은 시간이 걸렸다. 내심, 아직 태어나지도 않은 아이까지 숫자에 넣고, 일 년에 한 번 나오는 사람까지 넣어 30명을 채워 넣으며 목표 달성을 꿈꾸며 기도했다. 시간은 더디 걸렸지만 꿈을 가지고 노력하니 결국은 이루어졌다!

30명이 넘자 100명의 꿈을 하나님께서 주셨다. 꿈대로 땀 흘리며 도전했다. 불편하고 힘들고 좌절과 낙심이 밀려와도 나아갔다. 충성했다. 노력했다. 결국 100명의 선을 돌파하고, 500명도 넘어섰다. 이제 1000명이 출석하는 주일 예배를 꿈꾸고 있다. 천 명을 이루면, 만 명의 꿈을 제시할 준비를 하고 있다.

꿈이 있는 사람은 다시 심장이 힘차게 요동하며 뛴다. 예수의 심장을 이식받아야만 꿈이 살아 뛰게 된다. 그러면 어느 사이에 나는 그 꿈에 걸맞은 삶을 살아가고 있는 것을 보게 될 것이다. 그 꿈이 다시 나를 그 꿈의 성취하는 방향으로 이끌고 있는 것을 보게 될 것이다.

'Good is the enemy of the Great!
좋은 것은 위대한 것의 적이다!'

서양 속담이 주는 교훈이다. 지금 좋다고, 괜찮다고 더 이상의 노력을 포기하지는 않았는가? 우리는 아직 최고의 축복은 맛보지도 못했다. 그저 좋은 게 좋은 거란 식으로 하루를 때우며 살고 있지는 않는가? 어느새 죽어 버린 나의 꿈과 이상은 없는가? 평범한 가정주부로 빨래하고 밥만 하고 있지 않는가? 교회 출석만 하고 있지 않는가?

교회에 새벽마다 나와 교회를 위해 기도하고, 영혼구원을 위해 기도하고, 주의 종을 위해 기도하고, 국가와 민족을 위해 기도하는 가정주부는 삶의 클래스가 다르다. 꿈의 스케일이 다르다. 평범한 가정주부가 되기를 원하는가? 위대한 가정주부가 되기를 원하는가? 하나님과 함께 꿈을 꾸라! 오늘도 출근하는 평범한 직장인인가? 주일마다 예배의 자리에 나아오고 교회에서 봉사하라, 교사로, 성가대로, 주방봉사로, 안내위원으로 섬겨 보라. 이미 그 사람은 평범한 사람이 아니다. 위대한 크리스천의 삶을 사는 것이다.

꿈을 잃어버렸다면 그것은 살아도 사는 것이 아니요. 죽은 삶이다. 지금 다시 꿈에 불을 지펴야 한다. 누가복음 12장 49절에 예수님께서는 "내가 불을 땅에 던지러 왔노니 이 불이 이미 붙었으면 내가 무엇을 원하리요!" 하셨다. 꿈을 이루는 사람들에게는 수많은 역경과 반대 시련이 온다. 그러나 뚫고 나갈 수 있다. 꿈은 시련을 이기는 유일한 힘의 원천이기 때문이다. 하나님의 잃어버린 꿈을 다시 심장에 이식받아 펄떡펄떡 뛰게 해야 한다. 그것만이 크리스천이 살길이다. 내가 가는 곳마다, 말씀을 증거하는 곳마다 나는 꿈을 전한다. 이것이 나의 주된 사역이다.

하나님의 꿈을 다시 되찾은 사람들은
두 눈이 밝아지고,
손과 발에는 힘을 얻고,
열심히 영혼을 구원하기 위해 전도했다.
교회는 영적으로 풍성해지고,
부흥하고 강성해졌다. 꿈의 힘이다!

꿈을 장전하고 불을 발사하라

일전에 고지론과 미답지론 논쟁이 있었다. 고지론(高地論)은 세상에서 하나님의 뜻을 이루기 위해 높은 곳, 사회적, 정치적으로 영향력 있는 자리를 신실한 그리스도인들이 먼저 점령해야 한다는 이론이다. 미답지론(未踏地論)은 세상 사람들도 포기한 그 누구도 잘 가지 않는 곳에 그리스도인들이 가서 빛과 소금의 역할을 감당하자는 이론이다. 그러나 고지론의 단점은 모두가 리더가 될 수 없다는 점이다. 세상적으로 모든 크리스천들이 가장 높은 고지를 점령할 수는 없다는 것이다. 역사의 교훈은 도리어 고지를 점령한 순간 기독교가 더 빠르게 타락했다는 점이다. 중세시대가 대표적이다. 미답지론의 문제는 누구나 다 오지의 선교사로 갈 수는 없다는 점이다. 다 선교사로 떠나버리면 가족은, 국가는 사회는 누가 돌본단 말인가? 그러므로 누군가는 사회에 남아 리더가 돼야 하며, 누군가는 선교사로 가야 한다. 균형 잡힌 꿈이 중요하다. 고지에 갈 사람은 고지로 가고, 미답지로 갈 사람은 미답지로 가야 한다.

그러므로 리더는 꿈을 외쳐야 한다. 부르짖어야 한다. 집회를 인도하는 교회들마다 왜 부흥하는가? 이유는 단 한 가지다. 내가 설교를 엄청 잘해서도, 심금을 울려서도, 설득력과 호소력 있는 설교 때문도 아니다. 투박하고, 단순하고, 세련되지 못하지만, 강단에 서면 나는 꿈을 외친다. 그리고 그리스도 예수의 꿈을 함께한 모든 사람들에게 심어주기 위해 나의 남은 기력까지 남김없이 외치다가 쓰러진다.

류태영 박사는 어린 시절부터 꿈을 꾸며 기도하였다.

"하나님, 저는 가난한 농촌을 돕고 싶습니다. 반드시 유학을 가서 이들을 돕는 사람이 되어 돌아오겠습니다."

그는 유학을 위해 준비했고, 열심히 공부했다. 대학을 갈 때 즈음에는 더욱 구체적으로 농업선진국을 물색하며 기도했다. 그리고 결국 농업선진국인 덴마크를 찾아냈다. 그는 꿈을 구체적으로 실현하기 위해 기도했을 뿐 아니라, 행동을 단행했다. 덴마크 국왕에게 자신의 꿈이 담긴 편지를 영어로 번역해서 보냈다. 드디어 답장이 왔다. 전액 장학금 지원과 대학교 입학은 물론, 왕복 비행기표까지 넣어서 보내온 것이다. 그의 꿈이 이루어진 것이다.

여기 꿈을 일깨워 처음 목회를 시작한 분들이 있다. 청소년 사역에 비전을 가졌던 이평수 목사님! 전국적인 청소년 사역자 꿈을 일깨워 드린 표명혁 목사님! 교회를 부흥시켜 분가시키는 이상적인 개척선교를 꿈꾸었던 송이근 목사님! 등이다. 순천덕흥교회는 순천땅을 들썩거리게 했다. 영적 거장이 되어 비전과 다음세대를 책임지는 비전을 심었다. 교회는 변화되었고, 다음세대를 일으켰다. 하나님이 주신 꿈, 하나님의 말씀이 임하자 꿈이 되살아났다. 말씀이 이끌어가는 교회들은 한결같이 부흥하였다.

1920년 벨기에 앤트워프에서 열린 올림픽 100m 달리기가 열렸다.

10.8초 기록으로 금메달을 목에 건 사람은 바로 찰리 패덕이다. 무명의 선수였던 그가 올림픽 챔피언으로 유명강사가 되었다. 그가 클리블랜드의 어느 고등학교에 초청받아 강연했다. 그리고 외쳤다.

"바로 지금 이 순간 여러분 중의 누군가가 전에 내가 꾸던 꿈을 꾼다면 이룰 것입니다. 바로 올림픽에서 금메달을 따는 꿈입니다. 이 꿈을 가진다면, 그리고 그 꿈을 위해 내가 쏟아 부은 만큼의 열정을 쏟는다면, 당신도 반드시 금메달리스트가 될 것입니다."

강연을 마치자 쏜살같이 한 소년이 달려왔다.

"선생님, 제가 그 꿈의 주인공이 될 수 있을까요? 저도 선생님처럼 금메달리스트가 되고 싶어요."

찰리 패덕은 머뭇거리지 않고 즉석에서 다음과 같이 선언했다.

"너는 충분히 자격이 있다. 이렇게 나에게 다가와서 말을 건넬 만큼 용기가 있다면 너는 분명히 해내고 말 사람이다."

그 소년은 1936년 베를린 올림픽에서 찰리 패덕의 기록을 0.5초 단축하며 세계 신기록을 세우고 육상부문 4관왕에 올랐다. 그가 바로 전무후무한 기록을 세운 올림픽의 영웅 제시 오웬즈였다. 그런데 제시 오웬즈가 고향에 돌아왔을 때 또 다른 소년이 다가와 똑같은 질문을 했다.

"아저씨! 저도 아저씨가 이룬 꿈을 이루고 싶어요. 제가 감히 그런 꿈을 품어도 될까요?"

이에 오웬즈는 자신이 찰리 패덕을 만났을 때를 회상하며 그 소년을 격려했다.

결국 그 소년 역시 1948년 런던 올림픽에서 금메달을 목에 걸었다. 그의 이름은 해리슨 딜라드였다. 미국의 대통령이었던 빌 클린턴도 고등학교 시절, 당시 대통령이었던 존 F. 케네디를 만나 악수하며 대통령의 꿈을 키웠다. 그리고 그 꿈은 이루어졌다.

우리 몸은 약 60조 개의 세포로 이루어졌다. 그리고 각각의 세포 속에는 무려 30억 개의 화학문자로 구성되어 있는 유전자 정보가 들어 있다. 이 정보의 양은 1000쪽짜리 책 3000권 분량의 정보량과 같다니 정말 어마어마한 양이 아닐 수 없다. 하지만 이렇게 엄청나게 많은 유전자들 중에서 실제로 작동하는 것은 10%에 불과하다고 한다. 나머지 90%는 모두 OFF 상태로 꺼져 있다는 것이 학자들의 말이다.

결국 인간은 평이하게 살아갈 때는 자신의 가능성의 10%만 사용하며 살아가게 된다. 그러나 반드시 이루어야 할 꿈과 목표가 생기는 순간, 상황은 달라진다. 잠재된 90%의 능력이 발휘되고 사용되기 시작되는 것이다.

실제로 있던 이야기들이다. 베트남전쟁이 한창이던 때, 좁은 길에서 매복해 있던 적과 대치한 미군 네 명이 생사가 걸린 절박한 상황에서 지프차를 번쩍 들어 방향을 180도 돌려서 탈출한 기록이 있다. 이들이 다시 부대로 무사히 돌아와 지프차를 들어 보려고 아무리 시도해 봤지만 차는 꼼짝도 하지도 않았다.

바닥에 깔린 고양이를 구하기 위해 장롱을 혼자 들어 올린 할머니 이야기도 있다. 장정 둘이서 들어도 꿈쩍도 않는 장롱을 움직였다. 트랙터에 깔린 아들을 구하기 위해 트랙터를 혼자 들어버린 가녀린 어머니 이야기도 남아 있다. 막다른 골목에서 3m가 넘는 엄청난 높이의 담을 훌쩍 뛰어넘은 도둑 이야기도 있다. 인간은 위기에 처했을 때 잠재된 능력이 발휘되는 것이다. 하물며 분명한 꿈이 있는 사람에게 발휘될 수 있는 능력은 무궁무진한 것이다.

앨버트 아인슈타인은 '위대한 자들은 언제나 평범한 자들의 맹렬한 반대에 직면하게 된다'는 유명한 말을 남겼다. 아인슈타인 자신이 겪은 말이라 더욱 무게감이 느껴진다.

꿈을 가진 사람과 꿈이 없는 사람의 차이가 무엇인줄 아는가?
꿈이 있는 사람은 위대한 일을 하고,
꿈이 없는 사람은 위대한 일을 방해한다.
꿈을 잃어버린 성도, 꿈의 날개가 꺾인 목회자,
꿈조차 꿀 수 없는 사람은 삶의 의미 자체가 없다.
꿈을 잃어버린 사람들은 언제나 현실만 직시한다.
상황만 바라본다. 계산한다. 그리고 비판하고 비난하고 좌절한다.

그저 하루를 산다. 지낸다. 보낸다. 그저 그렇게 산다. 영국의 유명한 작가 버나드 쇼는 무덤 묘비에 이렇게 적었다.

"어영부영하다가, 내 이렇게 될 줄 알았다."

나는 나의 사역에 스스로 놀랄 때가 많다. 스스로 생각해도 폭발적 사역의 모습을 보고 놀란다. 이전에는 상상 할 수 없었던 모습과 역량에 스스로 놀란다. 가는 곳마다, 하나님께서 마른 막대기, 당나귀 턱뼈 같은 나를 들어 사용하시는 것을 보면 놀랍기만 하다. 단지, 나는 하나님이 보여 주신 꿈을 바라보며, 7명의 성도가 모일 때 1000명의 성도를 외쳤다.

"하나님께서 순복음교회의 무덤이라는 울산 외곽, 우리 온양순복음교회에 1000명의 성도를 채워 주실 것을 믿습니다!"

텅 빈 의자를 바라본 것이 아니라 텅 빈 의자에 가득 차고도 넘치게 앉아 있는 성도를 바라보며 꿈을 외쳤다. 이제 기적처럼 이 시골 개척교회에 500여 명의 성도가 모이고 이제 출석성도 1000명을 향해 나아가고 있다. 이젠 울산지역에 최초로 1만 명 이상이 모이는 교회가 되는 꿈을 꾸고 있다. 나는 성장지향형의 목회자도 아니고, 타 교인을 데리고 와서 수평이동으로 급성장을 추구하는 목회자도 아니다. 또한 제국주의적 선교방식으로 물량으로 전도하는 목회자도 아니다. 단지, 하나님 아버지의 피맺힌 심장을 가슴에 앉고 목이 터져라 "영 혼 구원!"의 꿈을 외치는 목회자일 뿐이다.

"오, 하나님. 이 꿈을 이루소서. 많은 사람들이 조롱하던 꿈이 하나 둘 이루어지고 있습니다. 하나님께서 한국교회의 희망의 불씨로 저를 세워 주셨사오니, 꿈을 이루어 가옵소서. 닳아서 없어져도 좋사오니, 주여 영혼을 구원할 수만 있다면 이 종을 들어 사용하여 주옵소서!"

교회가 왜 무기력하고 힘이 없는 줄 아는가? 꿈을 잃어버렸기 때문이다. 왜 목회자들이 좌절하고 더 이상 목회를 접으려 하는 줄 아는가? 꿈을 빼앗겼기 때문이다. 부흥회를 인도할 때마다 나는 예수 그리스도의 인류 구원의 꿈을 다시 성도의 가슴에 심어 주는 일을 한다. 모두 같은 꿈을 꾸게 하고, 같은 꿈을 갖게 하는 것이 나의 사역의 핵심이다. 꿈을 다시 갖게 된다면 부흥은 반드시 이루어진다.

영적 권위를 가까이 하라

권위와 가까이 하고 친밀한 것이 바로 성공이다. 엘리사의 성공은 하나님의 영적권위를 상징하는 엘리야를 절대로 떠나지 않고 있다는 것이다. 이것이 바로 수많은 자들 중에 이 시대를 이끄는 위대한 종으로서 하나님이 그를 사용하실 수 있었던 절대적인 조건이었다.

'떠나라'는 엘리야의 말에 엘리사는 '하나님께 맹세하며 떠나지 않겠다'고 이야기한다. 그 때 50명의 선지자 제자들은 멀리서서 바라보고 있었다.

주의 종을 가까이 하라! 사무적인 관계가 아닌 가족처럼 주의 종을 모시고 섬길 때 복이 있다. 특별히 내 자녀들에게 목회자를 가까이 할 수 있는 축복이 있길 바란다. 그런 자녀는 결단코 망하지 않는다. 교회가 부흥하고 커져도 이 가치관은 흔들리지 않을 것이다.

이것이 바로 축복받는 가장 현명하고 건강하고 빠른 길이기 때문이다. 록펠러의 어머니는 록펠러에게 "목사님 옆에 서라, 목사님을 아버지처럼 섬겨라! 맨 앞자리 목사님과 가장 가까운 자리를 사수하라!"는 유언을 남겼다.

유대인들은 자녀들에게 아버지와 랍비가 물에 빠지면 랍비를 먼저 건지라고 가르칠 정도이다. 목사는 피뢰침과 같아서 축복의 통로가 된다. 오늘날 목회자에 대한 존경이 땅에 떨어졌다. 한국교회의 목회자는 어디를 가나 존경과 사랑을 받기는커녕 비난의 대상이 되고 있다. 그러나 하나님께서는 주의 종을 통해 역사하신다. 영적인 원리는 동일하기 때문이다.

사명의 강, 도하작전

정치인들이 줄곧 쓰는 출마의 변이 있다. '루비콘 강을 건넜다.' BC 49년 갈리아의 총독 줄리어스 시저는 '주사위는 이미 던져졌다'라고 선언하며 루비콘 강을 건넜다. 군대를 이끌고 루비콘 강을 건넌다는 의미는 로마와 싸우겠다는 의미다. 시저는 로마의 총독 폼페이우스와 사즉생 결투 속에 승리한다. 루비콘 강은 이탈리아 북부를 동서로 가로지르는 강으로 당시 로마법에 따르면 무장을 해제하지 아니하고 이 강을 건너는 것은 바로 로마에 대한 선전포고로 여겨졌다. 이제 돌이킬 수 없다는 것이다. 그리스도인도 루비콘 강과 같은 사명이 있다. 사역이 있다. 사명과 사역, 비전 앞에 자꾸 도망할 길을 열어두면 자꾸 우리는 뒤를 돌아보게 된다.

> 예수께서 이르시되 손에 쟁기를 잡고 뒤를 돌아보는 자는 하나님의 나라에 합당하지 아니하니라 하시니라 -누가복음 9:62-

엘리사는 엘리야와 함께 요단강을 건너 버렸다. 그것으로 이제 그의 인생은 평범한 인생이 아닌 하나님의 종으로서의 사역이 시작된 것이다. 사역의 주사위를 던져라! 순종과 결단의 루비콘 강을 건너라! 머뭇거리지 말고 하나님의 피맺힌 소원을 이루기 위한 순종을 결단하

라. 하나님의 집을 세워 드리고, 영혼을 구하는 데 필요한 그런 곳에 당신의 삶을 두어야 한다. 파부침주(破釜沈舟)란 고사성어가 있다. '솥을 깨 버리고, 배를 침몰시켜 버린다'는 뜻으로 마지막 목숨을 걸고 싸울 때 하는 표현이다. 사기(史記) 항우본기(項羽本紀)에 나오는 이야기다. 항우가 진나라의 폭정에 항거하여 진나라를 치기 위해 직접 출병했다. 장하를 건넜을 때 부하들에게 명령한다. "3일치 식량만 남기고, 배를 모두 불태우고, 솥을 모두 깨뜨려 버려라!" 항우는 주위의 집들도 모두 불태웠다. 병사들은 돌아갈 배도, 집도, 지어먹을 밥도 없었다. 죽기로 싸울 수밖에 없었다. 아홉 번 싸워 진나라의 주력부대를 궤멸시켰다. 이때부터 항우는 맹주가 되었다. 솥단지를 부숴 버리고 배를 불살라 버려야 뒤를 돌아보지 않는다. 미련 두지 말고 과거를 떠나 미래에 당신의 삶을 두라! 후회가 아닌 소망의 자리에 당신의 가정과 자녀가 있게 하라.

더 이상 완벽한 기회는 주어지지 않는다.
머뭇거리지 마라.
하나님은 더 좋은 조건과 환경을 주셔서
나의 결단을 도우시는 분이 아니다.
나의 순종의 결단을 보시고 길을 열어 주시는 분이시다.

긍정의 영성을 모방하라

탈무드에는 가죽가게에 들어가면 가죽냄새가 나고, 생선가게에 들어가면 생선냄새가 나며, 향수가게에 들어가면 향기가 난다는 말이 있다. 누구와 함께 생활하며 지내고 있느냐가 그 사람의 향기를 결정하는 것이다.

오늘 이 시간 부자 되는 비법을 공개한다. 천기누설이다. 부자가 되는 방법은 간단하다. 부자와 친하게 지내면 된다. 내 주변을 가만히 보라! 친한 사람들을 보라, 부자가 있는가? 친하게 지내는가? 가까이 지내는가 멀리 지내는가? 우리 대부분의 결론은 주변에 부자가 없다. 그래서 평범하게 사는 것이다. 어차피 신앙생활은 거룩한 모방이다. 모두 예수님의 삶과 결정과 말과 행동을 모방해 가는 성화의 과정이 바로 신앙이다. 창조를 위한 긍정적 모방이 바로 우리 삶이 거룩해지는 방법이며, 성공의 지름길이다.

하나님은 우리 삶에 이런 긍정적 모델을 두시고 우리가 그들과 닮기를 원하신다. 하지만 우리 주변에는 우리가 닮거나 흉내 내지 말아야 하는 반면교사의 삶들도 부지기수다. 그러나 어찌 된 건지 우리의 악한 본성은 닮지 말아야 할 모습들과 삶들을 더 따라 하고 모방하게 된다. 그렇기 때문에 이 본능을 거부하고 좋은 것들을 닮으려 훈련해야 한다. 의식적으로 나보다 더 좋은 영성과 긍정적 축복의 모델, 사역의 성공모델들을 찾아 자꾸 흉내 내고 훈련하고 닮아 가야 한다.

악한 일은 쉽고 편하게 배운다. 가만히 생각해 보라. 악한 일은 쉽게 가르쳐 주지 않아도 술술 너무도 편안하게 배운다. 술 마시는 것 힘들게 배우는 사람 있는가? 쉽게 편하게 회식자리에서 배운다. 즐거운 분위기에서 배운다. 담배 피우는 것 힘들게 배우나? 아니다. 너무도 쉽게 숨어서 즐기며 배운다. 가르쳐 주지 않아도, 제발 하지 말라고 해도 어느새 배우고 피워 댄다. 영어단어는 외우라고 하면 매우 괴로워한다. 힘들어 한다. 그러나 욕을 배우는 것은 10초면 충분하다. 선한 일은 어렵고 힘들게 배운다. 새벽기도 나오는 일 쉬운가? 새벽에 코 골며 자는 일이 쉽다. 하지만 밀려오는 잠을 떨쳐내고 일어나 기도의 자리에 나오는 일은 처절한 투쟁이다. 말씀을 매일 읽는 일이 쉬운가? 말씀을 암송하는 일이 쉬운가? 어렵다, 쉽지 않은 일이다. 공부하는 일이 쉬운가? 일하는 것이 쉬운가? 노는 것이 쉬운가? 게임하는 것이 쉬운가? 항상 우리에게 유익을 주는 것은 어렵고, 우리를 해하는 것들은 쉽기 마련이다.

엘리사는 엘리야가 불말과 불병거로 호위된 채 회오리바람으로 하늘로 올라가고 나서 스승 엘리야의 삶을 답습하고 모방했다.

엘리야처럼 옷을 찢어 요단강을 내리치기 시작하자 엘리야가 한 것처럼 요단강이 갈라졌다. 엘리사는 요단강을 건너므로 보는 이들에게 하여금 자연스럽게 영적 권위를 부여받게 되었다. 끊임없이 우리는 누군가를 모델링(modeling)하며, 또한 누군가는 나를 모델링하고 있다. 그래서 나의 축복을 통해서 우리 자녀들이 더 큰 꿈을 꾸고 축복의 길로 나아올 수 있게 되는 것이다. 부모가 신앙의 유산을 보여 주면 자녀는 그대로 그 유산을 물려받게 된다. '복을 받고 하나님의 사랑을 받고 능력을 받고 축복을 받는구나'를 자연스럽게 삶으로서 터득하게 되는 것이다.

장경동 목사님도 조용기 목사님의 설교를 수천 번이나 듣고 쓰며 따라 하고 흉내 내었다고 한다. 김문훈 목사님도 마찬가지였다. 좋은 것은 따라 하면 나에게 큰 유익을 준다. 이분들은 한국교회를 대표하는 설교자가 되었다.

나도 장경동 목사님을 따라다니며 그분의 성실함과 노력을 본받으려 한다. 그분은 틈만 나면 책을 본다. 독서량이 상상을 초월할 정도다. 김문훈 목사님을 보며 탁월함 속에서도 잃지 않는 사람 냄새와 정, 배려와 섬김을 배운다. 임제택 목사님을 보며 뜨거운 열정을 배운다. 무엇과도 타협하지 않는 하나님과의 관계와 사랑에 나도 모르게 눈물 흘리며 본받게 된다. 주성민 목사님의 영적 권위와, 기도의 능력, 절대 불평하지 않는 능력, 기도만을 의지하는 불퇴(不退)의 신앙을 배운다. 또한 불평과 원망을 입에 담지 않는 감사의 삶을 배운다.

요즘엔 집회를 가면 나를 따라 하는 목사님들이 생겼다. 우리 교회가 하는 것을 모방하는 교회들이 많아 졌다. 우리 교회에 써 붙인 플랜카드를 보고 그대로 써 붙인다.

'하나님의 피맺힌 소원을 들어주는 전도!'

집회를 가 보면 우리 교회인 줄 착각한다. 나도 스스로 깜짝 놀란다. 우리 플랜카드나 나의 설교 제목들이 교회 벽면에 가득하다. 기분이 좋았다. 나의 삶이 누군가에게 하나님을 닮고 싶어 하는 마음이 들게 한다면 이보다 더 귀한 일이 어디 있겠는가!

"닮고 싶은 사람을 흉내 내고 가까이 하라!"

그러면 나도 어느 순간 그렇게 되어 있는 자신을 발견하게 될 것이다.

일본의 '살아 있는 경영의 신'으로 불리는 이나모리 가즈오란 사람이 있다. 그는 교세라를 창업하여 세계적인 글로벌 기업으로 성장시킨 사람이다. 그가 쓴 〈왜 일하는가〉란 책에 보면 리더의 중요성을 이야기한다. '일이 효율적으로 진행되려면 리더가 의욕이 충만해야 한다. 이런 사람을 중심에 둘 때 도미노처럼 회사원 전체에 의욕이 퍼져 기대 이상의 결과를 얻을 수 있다.' 누구와 친하게 지낼지, 어떤 사람이 되어야 할지 답이 나와 있는 셈이다.

성령의 감동으로 진군하라

다윗이 능력의 사람으로 살아간 이유가 어디 있을까?
이사야가 위대한 하나님의 종으로 살아간 이유는 어디에 있을까?
초대교회 성도들이 목숨 건 복음전파자로 능력 있게 살 수 있었던 이유는 어디에 있을까?

그것은 바로 하나님의 영이 그 마음을 채우고, 성령의 감동과 감격으로 일했기 때문이다. 엘리사도 마찬가지로 엘리야의 뒤를 이어 위대한 하나님의 사람으로 살아갈 수 있었던 분명한 이유가 있다. 그는 다른 모든 것들보다 우선하여 성령의 역사의 갑절의 능력을 요구했다는 점이다.

우리가 신앙생활하면서, 사역을 하면서, 사명과 비전의 성취를 위해서 지금 무엇을 요구하고 있는지를 점검하자. 무엇을 간청하고 있는지를 정직하게 점검해 보자. 재정적 필요와 일꾼들을 원하고 요구하며, 이 시대가 요구하는 그런 필요만을 위해 기도하는 것이 우선순위의 맨 앞을 차지하고 있지는 않는가?

우리가 하나님의 일을 할 때 무엇보다 우선하여 성령의 역사와 능력을 간구, 간청해야 한다. 재능, 물질, 관계, 인격의 문제를 해결하기 위해 구하다가 쓰러지고 포기하고 낙심하고 분쟁하고 도망치는 적이 어디 한두 번이었던가? 나는 얼마 전 응급실에 실려 갔다. 링거를 맞고 겨우 일어나서 강단에 섰다. '하나님의 도우심 없이는 나는 아무것도 할 수 없다'는 것을 다시 깨달았다.

성령의 감동이 우선이다.
하나님이 먼저 움직이셔야 변화의 역사가 일어난다.
성령의 공급하시는 힘으로 끝까지 포기하지 말고
아름답게 타오르는 하나님의 귀한 등불이 되어야 한다.
기름으로 타올라야 오래 간다.
심지로 타지 말아야 한다.

집회 강사로 초청되어 참으로 많은 교회들을 가게 된다. 그런데 교회마다 특징이 있다. 어떤 교회는 힘들고 사탄 마귀와의 전쟁에 진이 빠지고, 어떤 교회는 은혜와 성령이 충만해서 기침만 해도 "아멘!"으로 화답하며 말씀이 술술 전해진다.

집회 가서 말씀을 선포한 교회 중에 너무도 힘든 사탄 마귀가 역사하던 교회들이 있다. 얼마나 힘이 들던지 첫날 집회를 인도하고 나서 영적인 탈진 일보 직전까지 갔다. 발음조차 잘 안되기까지 한다. 혀가 꼬여 설교도 제대로 나오지 않고 가슴이 답답하며 무척이나 힘들었다. 그래서 집회 3일 동안 금식을 선포하고 금식하며 집회를 인도했다. 그런 힘든 영적 싸움을 스스로 이기려는 무모함을 버리고 금식하며 성령의 도우심을 간청하고 간청하니 성령의 역사가 일어나기 시작했다.

그 지역 다른 한 교회에 딸이 4명이 있던 권사님이 서원해서 늦둥

이 아들을 낳았다. 그 아들은 초등학교 때는 교회를 잘 다녔는데, 중학교 때부터 신앙을 버리고, 사도바울이 변화되기 전 모습과 똑같은 삶을 살았다. 우연히 내 설교를 듣고 회심하게 되었다. 그가 찾아와 이런 고백을 했다.

"목사님, 우리 엄마가 은혜라고 하는 게 이런 거라면, 제가 은혜받았습니다."

나는 그 형제의 기적 같은 변화를 보았다. 하나님의 놀라운 감동 섭리를 그를 통해 보았다. 어제까지 교회를 핍박하고 저주를 퍼붓던 자가 이제는 새롭게 변하여 전도자의 길을 서원하였다.

"목사님, 이제 제가 전도하는 것이 어떤 건지 보여 드리겠습니다. 그동안 제가 해 온 짓이 있어서 제가 불신자들의 심정을 가장 잘 압니다."

이렇게 은혜로운 집회를 잘 마치고 나는 또 다른 사역을 위해 떠났다. 그리고 그냥 잊어버리고 있었다. 어느 날인가 그 형제에게서 연락이 왔다. 그는 진짜로 사람들을 전도하기 시작했다고 한다. 그리고 자기가 꾼 꿈을 이야기 한다. "사막 한가운데에 잡초가 보였어요. 그런데 이 잡초가 자라서 나무들이 되고 나무들이 자라서 숲이 되는 꿈을 꾸었어요. 목사님, 기도해 주세요." 놀라운 변화가 아닐 수 없다. 사막 한가운데 쓸모없던 잡초 같은 인생이 하나님이 크게 쓰실 재목으로 변화된 것이다.

사람의 힘, 능력으로 할 수 없었던 일이 성령께서 일하심으로 역사하신 것이다. 사역의 원천은 성령님이시다. 결코 이 사실을 잊지 말아야 한다.

누리는 복이 진정한 내 것이다

　　오늘 성경 본문에는 희망의 한 줄기 빛조차 찾아볼 수 없는 이스라엘의 위기의 상황이 계속되고 있다. 정말 하나님만이 해결하실 수 있는 상황에 도달했다. 인간의 한계요 벼랑 끝에 선 절망의 상황에서 하나님의 종 엘리사는 하나님의 축복과 기적 같은 문제 해결을 선언한다. 그러나 왕의 호위대장, 비서실장의 높은 지위에 있는 이 사람은 그 축복의 말씀을 불신하고 부정하다가 결국 그 기적 같은 축복을 눈으로 보긴 하나 누리지 못하고 밟혀 죽는 비참한 결말을 맞게 된다. 반면 아무것도 잃을 것 없는, 나병환자 네 사람은 담대함과 단순함으로 그 축복의 주인공이 되며, 그 기적의 수혜자가 된다.

　기적 같은 축복의 약속들이 아무리 선포되고 우리에게 주어지면 무엇하겠는가? 그것을 누리지 못한다면 그것은 받지 않음만 못한 복이요, 오히려 상처로 남게 되고 영적 해를 입게 된다는 것을 기억해야 한다.

　가나안 땅을 정복하지 못하는 것은 겸손이 아니라 범죄다. 가나안 땅을 주셨으면 그 젖과 꿀이 흐르는 땅을 정복하고 취해야 한다. 그 축복의 허락을 취하지 못한 채 머뭇거리면 오히려 하나님의 진노를 경험하게 되고 심각한 영적 데미지를 얻게 된다.

　하나님의 기적 같은 축복을 받지만 누리지 못하는 반복되는 악순환의 고리를 끊고 이제는 축복을 누리는 자리까지 진군해 나가야 한다.

반드시 축복의 중심에 서야 한다. 축복을 멀리서만 구경하는 구경꾼이 아니라 축복의 주인공이요 수혜자가 되어야 한다.

수박 겉핥기란 속담이 있다. 아무리 수박이 맛이 좋고 시원하면 무엇하겠는가? 껍데기만 핥는다면 이보다 더 억울한 맛이 어디 있겠는가? 아무리 비즈니스석 티켓이 있으면 뭐하겠는가? 비행기를 안 타면 무슨 소용이 있겠는가? 칠성급 호텔 스위트룸 티켓이 있으면 뭐하겠는가? 호텔에 들어가지 않으면 무슨 소용이란 말인가? 누리지 못하면 아무 소용없는 것이다.

믿음을 기반으로 한 담대함과 영성의 민감함으로
분위기 파악을 잘해서 복을 취할 기회와 타이밍을 놓치지 말고
여우처럼 때로는 얌체같이(?) 복을 받아 누려야 한다.

부채에 몹시 시달리던 무명가수가 있었다. 그런데 소위 노래 한 곡이 대박이 났다. 부채를 다 해결하고도 남는 어마어마한 금액이었다. 그런데 이분이 어떻게 했는지 아는가? 자신이 선교하던 모 기관에 아내와 상의도 하지 않고 전부 다 헌금해 버렸다. 축복을 누렸어야 하는데 축복을 다른 곳에 토스해 버린 것이다. 부채는 여전히 해결되지 않았고, 집안형편은 좀처럼 나아지지 않았다.

삭개오의 장점은 무엇인가? 찾아온 축복의 기회를 놓치지 않았다는 것이다. 당시 삭개오의 삶은 사람들의 손가락질을 받을 만한 부정하고 부도덕한 인생이었다. 그러나 삭개오는 주님이 그의 곁을 지나

가실 때에 기회를 잡았다. 키가 작아 예수님의 모습을 볼 수 없던 그는 나무에 올라갔다. 그리고 주님을 바라보았다. 그는 그분을 만나 삶이 변화되며 축복받을 기회를 놓치지 아니 하였다. 그는 어떻게든 받아 누렸다.

예수님이 아무리 우리 주변에 계시면 뭐하겠는가? 주변에서 맴돌며 구경하는 자들은 결코 축복의 주인공이 될 수 없다. 때론 중풍병자의 네 친구처럼 지붕을 뚫고라도 그 축복의 기회를 누리는 자가 되어야 한다. 새해를 출발하면서 믿음으로 선포했던 말이다.

"천 명의 예배자의 기적 같은 부흥의 주인공이 당신이길 소망합니다."

기적의 주인공, 축복의 주인공을 예약한 선포는 이루어지고 있다. 하나님이 우리에게 하시는 엄중한 경고를 또한 들어야 한다.

"그 일은 반드시 일어날 터인데 너는 보긴 보아도 그것을 누리지는 못할 것이다!"

하나님의 부흥의 계획과 비전의 선포에 불신과 비판으로 대하지 말라! 그렇다면 작년처럼 그 축복을 가까이에서 보긴 보아도 누리지는 못하고 영적으로 침체되어가는 축복의 엑스트라, 기적의 구경꾼이 될 수밖에 없다.

이제 나병환자처럼 담대하게 소망하라! 현명하게 판단하라! 어떤 것이 내게 축복된 삶이며 하나님께서 나에게 바라시는 삶일까? 그것이 분명해졌다면 이제 당당하게 하나님이 주신 비전을 선포하고 전진하며 순종하자! 그런 당신이 바로 기적의 주인공이 될 것이다.

어찌 보면 기적을 취하고 누리는 순종이 그리 어려운 것도 아니다. 열왕기상 17장에 나오는 사르밧 과부의 떡 한 덩이는 한번 먹고 죽으나 그냥 죽으나 그렇게 어려운 선택의 상황도 아니었다.

여리고성 일곱 바퀴 돌기 이야기는 시사하는 바가 크다. 아무리 그래도 성을 일곱 바퀴 돌면 무너지겠는가? 상식적으로 납득이 안 간다. 지금 그들이 할 수 있는 것이 무엇인가? 그 강건하고 철옹성 같은 여리고성을 뚫을 수 있는 길은 무엇인가? 아무것도 없다. 그저 순종밖에는 없는 것이다.

그럼에도 불구하고 위기 속에서 불순종하여 죽어 가는 자들이 많다. 민수기 21장에 보면 불뱀 사건이 나온다. 하나님께 불평하고 원망하던 사람들은 모두 다 불뱀에 물려 죽었다. 너무 많은 백성들이 죽자 하나님께서는 모세의 기도를 듣고 놋뱀을 만들어 장대에 매달라고 하셨다. 장대에 높이 매달린 놋뱀을 바라본 자는 살려 주시겠다고 약속하셨다. 그런데 어찌 되었는가? "본즉 살더라!" 과학적으로 납득이 가지 않는다. 독을 해독하는 약물을 마시라고 하던가, 해야 하는데 '쳐다보기만' 하면 산다 하니 믿기 힘들었을 것이다. 믿고 순종한 자는 놋뱀을 쳐다보아 살았고, 불순종한 자들은 죽고 말았다.

민수기 21장의 말씀처럼 기적 같은 구원의 길, 장대 위의 놋뱀을 바라보면 사는 길이 있음에도 그것을 바라보지 아니하고 죽어간 자들이 많다는 것이 더 큰 기적이다. 우리도 이런 기적 같은 불순종 가운데 하나님의 놀라운 축복을 놓쳐 가고 있는 것은 아닌가?

분노를 다스리는 자가 세상을 얻는다

가장 어려운 사람이 누군 줄 아는가?
기분에 따라 사는 사람이다.
그날 기분이 좋으면 정말 좋은 그리스도인의 일꾼이 되지만,
기분이 나쁘면 최악의 파트너로 돌변한다.

오늘 성경 본문에서는 모압왕 메사의 반역이 다루어지고 있다. 조공을 잘 바치던 모압이 반란을 일으켰다. 이스라엘 입장에서는 정말 자존심 상하고 신경 쓰이는 사건이 아닐 수 없다. 이스라엘은 감정에 따라 군대를 일으켰고, 진군 7일 만에 모압 연합군에게 치명적인 위기를 겪게 된다.

성경에 보면 골리앗이 흥분하는 장면이 나온다. 사무엘상 17장 43절에 "내가 개냐? 막대기를 가지고 나오냐?"라고 따져 묻는 흥분한 골

리앗의 반응이 나온다. 흥분한 결과는 어찌 되었던가? 일개 무명의 양치기 목동 소년에게 비참한 최후를 맞는 결과를 낳는다. 그뿐인가? 블레셋 족속의 미래마저 암울하게 만들었다.

장기의 배경이 되는 초나라와 한나라가 격돌하던 시절 중심에는 한신(韓信)이 있었다. 한신은 처음에는 초나라 항우를 섬겼지만, 중용이 되지 못하고 한직에 있다가, 후에 사람을 알아본 한나라 유방의 수하가 되어 대장군에 이르게 되고, 초나라 항우를 멸망시키고 천하를 통일하는 주역이 된다.

그가 젊은 시절 푸줏간에서 일하고 있을 때의 일이다. 동네 건달들이 그에게 시비를 걸고는 가랑이 밑으로 기어가라고 조롱했다. 그는 감정적으로 대응하지 않고 가랑이 밑을 기며 훗날을 도모했다. 결국 그는 중국을 통일시키는 가장 중요한 인물이 되었다. 감정으로 일을 처리하기 시작하면 훗날을 도모할 수 없다. 감정을 다스려야 한다. 솟아오르는 분을 누를 줄 아는 것이 지혜다. 오늘만 참으면 내일을 기약할 수 있다.

> 미련한 자는 당장 분노를 나타내거니와 슬기로운 자는 수욕을 참느니라. -잠언 12:16-

감정은 반드시 다스려야 한다. 감정대로 처신하는 자를 성경은 미련하고 어리석은 자로 묘사하고 있다. 교육시간은 아니지만 필요한 내용이라 몇 가지 다음과 같이 은혜를 나누겠다.

1) 자신의 감정을 누그러뜨리고 하나님의 일을 사심 없이 처리하기 위한 목회자의 몸부림

신앙, 예배, 사역, 사명에 나의 감정이 개입되어서는 안 된다.

세 왕이 엘리사를 찾아왔을 때, 엘리사는 여호람을 쏘아보며 말했다.

"내가 당신과 무슨 상관이 있기에 나를 찾아왔습니까?

당신 부친의 선지자들과 당신 모친의 선지자들이 있지 않습니까? 그들에게나 가 보시지요."

여호람 왕이 통사정했지만 엘리사는 다시 말한다.

"여호와 하나님의 살아 계심을 두고 맹세합니다만, 내가 유다 왕 여호사밧의 체면만 아니라면 당신을 쳐다보지도 않았을 것입니다."

엘리사는 믿음의 사람 여호사밧 왕을 외면해서는 안 된다는 것을 알면서도, 하나님을 의지하지 않는 여호람 왕에 대한 미운 마음을 다스리기 힘들었다. 그래서 15절을 보면 엘리사는 거문고 탈 자를 불러오라 부탁한다. 거문고 연주가가 와서 거문고를 탔고, 청아한 거문고 선율이 울려 퍼졌다. 엘리야는 스르르 눈을 감았다. 아름다운 선율에 격했던 감정이 차차 가라앉고, 이윽고 하나님께서 그의 마음을 감동시키는 것을 느낄 수 있었다.

엘리사는 감정대로 한다면 여호람 왕을 절대 돕고 싶지 않았다. 그러나 하나님의 사람이라고 자기를 찾아온 여호사밧 왕이나, 목말라 죽게 된 이스라엘 군대를 생각하면 감정대로 할 수 없었다. 그래서 그는 음악을 들으면서 하나님께서 그의 마음을 감동시켜 주시기를 기다렸다. 우리도 사람이 견딜 수 없이 미울 때가 있다. 또 개인적인 어려움 때문에 마음이 힘들어지거나 우울한 감정에 빠지기도 한다. 우리는 원치 않지만 자칫 감정의 회오리에 말려들어 지나치게 성을 내거나 짜증을 내어 양들을 실족시키고, 동역자들에게 상처를 주고, 하나님의 역사를 그르치기도 한다. 이럴 때 음악과 찬송을 듣는 것이 좋다. 좋은 음악과 찬송은 하나님께서 우리 마음을 감동시키는 도구가 되기 때문이다.

음악을 통해 하나님께서 엘리사의 마음을 감동시키자 그의 귀에 비로소 하나님의 말씀이 들려왔다. 하나님의 말씀을 듣고 엘리사가 말했다.

"여호와의 말씀이 이 골짜기에 개천을 많이 파라 하셨나이다. 여호와께서 이르시기를 너희가 바람도 보지 못하고 비도 보지 못하되 이 골짜기에 물이 가득하여 너희와 너희 가축과 짐승이 마시리라 하셨나이다." (왕하 3:16,17) "아침에 보니 과연 말씀대로 물이 에돔 편에서부터 흘러와서 그 땅에 가득하였다." (왕하 3:20)

요나는 민족적 감정으로 인해 니느웨를 구원하라는 하나님의 사명에 불순종했다. 불행의 지름길이다. 지금은 그것이 편할지 모르지만 결국 그것은 나와 하나님의 사이를 가로막는 또 다른 벽이 되어 나를 괴롭힐 것이다.

지혜와 지식의 근본은 여호와를 경외함이라!

하나님이 두려운 것, 그러니 모든 일의 우선순위와 신경 쓰는 최우선 가치가 바로 하나님
중심의 신앙이 되는 것이다.

집회 갈 때 나의 성향과 성격에는 잘 맞지 않지만 하나님의 명령임이 느껴지고 확실할 때
가서 은혜를 끼치기에 목숨을 건다. 찬양단의 중요성 또한 여기에 있다. 찬양은 삶에 찌들어 감정적으로 인본주의적 관점으로 나와 앉아 있는 자들의 마음을 누그러뜨리고 하나님의 역사를 이끌어 회중의 은혜를 돕는 귀중한 사역이다. 사울도 다윗이 악기를 연주할 때 악신이 떠나갔다.

2) 혹은 그런 상황에서도 하나님을 찬양하고 찬미함은 훼손시키지 않는 예배 정신의 모델

에스키모인들은 참으로 지혜롭다. 서로 싸우다가, 억누를 수 없을 정도의 분노가 치밀어 오를 때는 무조건 걷는다. 언제까지 걷냐면, 분노가 가라앉고 마음에 평안이 올 때까지 걷는다. 그들은 되돌아 설 때, 분이 풀렸을 때를 기념하기 위해 막대를 꽂아 둔다. 이후에 살다가 또

화가 나 어쩔 줄 모르고 다시 시작했을 때, 이전에 꽂아 둔 막대를 발견한다면 요즘 사는 게 더 어려워졌다는 뜻이고, 그 막대를 볼 수 없다면 그래도 견딜 만하다라는 뜻이 된다. 에스키모인들은 이렇게 자신의 분노를 다스렸다.

위기와 분노의 시간에 감정적으로 반응하며 폭발하지 않고 참는 것이 지혜이다. 평안을 찾을 때까지 주님이 주시는 평화를 누릴 때까지 기도해야 한다. 말씀 아래 겸손히 나를 누그러뜨릴 수 있는 자가 바로 승리자다. 슬픔과 분노로 어찌할 수 없을 때 기도의 막대를 꽂을 수 있는 사람은 행복하다. 인간 세상사 모든 갈등은 참아 내지 못하는 데서 시작되고 용서하지 못하는 데서 끝이 난다.

'자제력', 이것이 바로 승리의 비결이다!
문제를 일으키지 않는 것이, 문제를 이기는 가장 최고의 방법이다!

모든 상황 속에서 주님을 찬양할 수 있다면 그것이 바로 진정한 찬양이 아닌가! 좋을 때만 찬양하고, 형통할 때만 찬양하고, 신날 때에만 주님을 찬양하는 것이 아니라, 때로는 내가 싫은 일을 할 때에도, 나에게 고난과 아픔이 직면해 있을 때에도 주님을 찬양할 수 있어야 한다. 욥은 찬양하기 어려운 상황 속에도 찬양하는 초월적 믿음을 보여 주었다. 오늘의 지혜가 어디에 있는가? 마음을 다스리는 지혜가 필요하다.

이르되 내가 모태에서 알몸으로 나왔사온즉 또한 알몸이 그리로 돌아가올지라 주신 이도 여호와시요 거두신 이도 여호와시오니 여호와의 이름이 찬송을 받으실지니이다 하고 -욥 1:21-

위기탈출의 기술들

축복과 기적은 복잡한 것이나
웅장한 분위기에서 시작되지 않는다.
기도라는 단순함에서, 아멘으로 순종한 말씀을 통하여,
한 사람과의 만남을 통하여 기적은 시작된다.

단순함이 해결의 열쇠다

당대 최고의 강대국 아람의 군대 장관이며 민족을 구한 영웅 나아만 장군이 그만 문둥병에 걸리고 만다. 문둥병은 그의 모든 삶을 송두리째 앗아갔다.

> 아람 왕의 군대 장관 나아만은 그의 주인 앞에서 크고 존귀한 자니 이는 여호와께서 전에 그에게 아람을 구원하게 하셨음이라 그는 큰 용사이나 나병 환자더라 -열왕기하 5:1-

"큰 용사이나 나병 환자더라." 신경이 마비되어 살이 썩어도 통증이 와도 아무것도 못 느끼는 한센 병이 걸린 초라하고도 무기력한 환자가 된 것이다. 그러나 그는 어린아이의 살같이 회복되어 깨끗하게 된다.

위기탈출의 기술들 | 145

> 나아만이 이에 내려가서 하나님의 사람의 말대로 요단 강에 일곱 번 몸을 담그니 그의 살이 어린아이의 살같이 회복되어 깨끗하게 되었더라 -열왕기하 5:14-

만사형통했던 그야말로 모든 문제로부터 자유했던 나아만이었지만 해결하지 못했던 단 한 가지 문제, 그의 발목을 잡는 그 문제를 그는 해결해야만 했다. 내게도 그러한 문제 한 가지가 있지 않는가?
"고난은 위장된 축복이다."
축복에 앞서 반드시 고난이 있다. 어려움이 있다. 힘겨움이 있다. 욱여쌈이 있다. 그러나 그 고난의 가면을 벗기면 축복이다.
"축복이란 집에 들어가기 위해서는 고난이란 현관을 통과해야 한다."
대부분의 사람들이 이 고난의 현관에서 좌절한다. 힘겨워한다. 문 앞에서 포기한다.
세계적인 그래픽 디자이너인 존 마에다(John Maeda)가 쓴 〈단순함의 법칙(The laws of Simplicity)〉이란 책에서 10가지 단순함을 제시한다. 축소, 조직, 시간 등등……. 그런데 읽다 보면 단순하게 만들기 위해 얼마나 많은 복잡다단한 과정을 거쳐야 하는지 혼란스러울 정도다. '결코 단순하지 않은 단순의 법칙'인 셈이다. 배우다가 시간을 다 보내고, 원리를 알려고 하다가 다 보내는 인생이 얼마나 많은지 모른다. 그냥, TV를 보면 된다.
"저건 스마트 TV야. 3D기능도 내장되어 있어. Full HD 급 화질이라서 기존 TV 브라운관에 비해 훨씬 선명한 화질을 자랑하지. 그리고 최신 LED 액정이야. 아, LED와 LCD의 차이가 뭐냐고? 그건 말이야, LED는 스스로 빛을 내는 거고, LCD는 빛을 받아 비추는 거지. 차이를 알겠어? 주저리주저리……."

이렇게 설명이 들어가면 피곤해진다. 리모컨도 그렇다. 켜고 끄고 채널을 돌리면 된다. 그 이상의 설명이 들어가면 복잡해진다. 그냥 앉아서 편안하게 TV를 시청하면 된다.

실패하는 사람들은 너무나도 복잡하게 문제에 접근한다.

> "성공을 축하하는 일은 좋은 일이다. 그러나 더 중요한 것은 실패의 교훈에 귀 기울이는 것이다. (It's fine to celebrate success but it is more important to heed the lessons of failure) -Bill Gates-"

빌 게이츠는 실패를 통해 교훈을 얻으라고 말한다. 가만 돌이켜 보라. 내가 실패한 원인이 무엇이었는가? 단순함 때문이었는가 복잡한 때문이었는가?

〈머리 좋은 사람이 돈을 못 버는 이유〉란 책을 쓴 사카모토 게이치란 사람이 있다. 일본 IT업계의 마이더스의 손이라고 불리는 그는 이 책에서 간략하게 그 이유를 설명한다. '움직이면서 생각하라!'는 것이다. 너무도 생각이 많으면 현장에서 실패한다고 한다. 시장은 시시각각으로 변하고 정확한 답이 없는 경우가 많다. 그런데 머리 좋은 사람들은 책상에 앉아서 이리저리 계산하고 따지고, 생각하느라고 좋은 기회, 타이밍과 상황을 모두 놓쳐 버린다고 지적한다.

크리스천은 행동하며 믿는다. 순종하며 현실을 개척해 나가는 것이 크리스천의 삶의 방식이다. 너무도 많이 따지고 계산하고, 하나님의 말씀을 결제하며 믿으려고 들 때에는 변화는 결코 찾아오지 않는다.

머리 좋은 사람의 특징은 실패를 너무도 두려워한다는 점이다.
실패해도 또다시 도전하면 되는데,
절대로 실패란 오점을 인생에 남기고 싶어 하지 않는다고 한다.

결국 냉혹한 현실에서 도태되는 이유가 여기에 있다고 사카모토 게이치는 설명한다. 인생도 한번뿐 아닌가? 이것저것 따지고 계산하면서 믿으면 안 된다. 잘 모르겠으면 현장에서 부딪히면서 익히면 된다.
나아만은 육신의 질병이 나았을 뿐만 아니라, 영혼의 질병이 나았다. 천국시민이 되었다. 나아만은 질병이라는 고통을 통하여 천국백성으로 거듭난 것이다. 그러나 사람들은 이러한 역사에 둔감하다. 도리어 두려워한다. 이스라엘 왕은 고난이 오자 절망하며 자포자기한다.

이스라엘 왕이 그 글을 읽고 자기 옷을 찢으며 이르되 내가 사람을 죽이고 살리는 하나님이냐 그가 어찌하여 사람을 내게로 보내 그의 나병을 고치라 하느냐 너희는 깊이 생각하고 저 왕이 틈을 타서 나와 더불어 시비하려 함인 줄 알라 하니라 -왕하 5:7-

그러나 적군의 군대장관이 병이 낫고 내 편이 된다면 이것보다도 더 큰 능력이 어디 있겠는가?

단순하라, 그래야 축복이 시작된다.

웅장한 분위기에서 시작되지 않는다.
기도란 단순함에서, 말씀을 통하여,
한 사람과의 만남을 통하여 기적은 시작된다.

오늘 본문에서 축복은 계집종의 말 한마디에서 시작된다.

전에 아람 사람이 떼를 지어 나가서 이스라엘 땅에서 어린 소녀 하나를 사로잡으매 그가 나아만의 아내에게 수종 들더니 그의 여주인에게 이르되 우리 주인이 사마리아에 계신 선지자 앞에 계셨으면 좋겠나이다 그가 그 나병을 고치리이다 하는지라
-왕하 5:3-

계집종의 말에 귀를 기울였다. 그 당시 노예는 두 발 달린 짐승 취급했다. 무시할 수도 있는 말이었다. 그러나 나아만의 아내는 그 말에

귀 기울였다. 우리는 꼭 그렇게 거창하게 복잡하게 떼굴떼굴 굴러야만 하나님께서 응답하시는 줄 안다.

교회를 가면 사람들이 나를 이젠 다른 사람 취급한다. 시인 바이런이 자고 일어났더니 하루아침에 유명한 사람이 되었다는 말이 꼭 나를 두고 한 말 같다. 대단한 선지자를 만난 것처럼 대한다.

"목사님께 꼭 안수기도 받고 싶습니다."

내게 안수받아야 병이 낫고, 문제가 해결을 받는 줄 안다. 그때 나는 이렇게 말한다.

"담임목사님께 기도받으세요. 그것이 옳은 일입니다."

이미 담임목사를 통해 충분히 하나님께서 말씀을 주시고 응답하셨다. 사람이 문제가 아니다.

"담임목사님의 설교에 답이 있어요! 이미 말씀으로 응답하셨어요! 담임목사님에게 기도받으세요! 신앙생활 제대로 하세요!"

하나님께서는 역사하신다.
하나님의 약속하심과 응답은 이미 있는데,
우리에게 그릇이 준비되지 않았다면
이보다 더 큰 비극이 어디 있겠는가?
당신에게 축복의 기준이 있는가?

오병이어도 일단 드려야 오천 명이 먹고, 열두 바구니가 더 남는 것 아닌가?

전도는 누가 하는가? '전도의 스킬을 배워 나가야지' 하는 사람은 1년이 가도 10년이 가도 전도하지 못한다. 전도는 말씀에 순종하여 현장에 나간 사람이 한다. 축복은 기회가 왔을 때 잡아야 한다. 지금도 하나님께 늘 기도하는 것이 그것이다. "하나님 내게 오신 축복의 기회를 놓치지 않게 하소서!" 계산하다가 축복의 때를 놓친다. 복잡하게 결제하고 생각하다가 축복을 놓친다. 은혜를 쏟는다. 성경으로 다시 돌아오겠다.

나아만이 노하여 물러가며 이르되 내 생각에는 그가 내게로 나와서 그의 하나님 여호와의 이름을 부르고 그의 손을 그 부위 위에 흔들어 나병을 고칠까 하였도다. 다메섹 강 아바나와 바르빌은 이스라엘 모든 강물보다 낫지 아니하냐 내가 거기서 몸을 씻으면 깨끗하게 되지 아니하랴 하고 몸을 돌려 분노하여 떠나니 -왕하 5:12-

나아만은 이미 다 계산했다. 생각했다. 자신이 생각하는 기대치가 있었다. 그가 생각한 축복의 방식, 형식이 가득했다. 그 기준에 부합하지 아니하니 분노한 것이다. 이러한 어리석은 사람들은 우리 주변에 널리고 널렸다. 함부로 이렇게 말하는 사람들이 많다.

"내가 하나님이시라도 이렇게는 안 해!"

"하나님이시라면 이렇게 하셔야 맞는 것 아니야?"
"하나님은 절대 이렇게 행하시지 않아!"

이미 머릿속에 하나님을 재단하고, 그려 넣고 그렇게 일이 일어나지 않으면 하나님의 역사가 아니라고 단정해 버리는 것이다. 제 머릿속의 우상 하나님을 모시고 사는 사람의 전형적인 계산법이다.

> 엘리사가 사자를 그에게 보내 이르되 너는 가서 요단 강에 몸을 일곱 번 씻으라 네 살이 회복되어 깨끗하리라 하는지라
> -왕하 5:10-

엘리사는 나아만을 만나 주지도 않았다. 인사도 안 했다. 젊은 애들 말로 '쌩 깠다'. 그리고 깨끗해 보이지 않는 개천 같은 물에서 씻으라고 한다. 그것도 한 번도 두 번도 아니고 일곱 번씩이나 씻으라고 한다. 도리어 피부병이 옮을 지경의 말을 듣고는 더욱 분노한다.

요단 강 가서 일곱 번 씻는 것이 어려운가? 어렵지 않다. 그러나 순종하지 않는다. 주를 위해 죽는 순교는 할 수 있어도 새벽기도 하라면 못한다. 죽을 각오로 전도해 오라고 하면 못한다. 이 시대의 비극은 여기에 있다. 거창한 것은 하려고 하지만 쉬운 것은 못 한다. 단순한 것은 순종하지 못한다.

단무지 신앙이라고 들어보았을 것이다. 단순하고 무식하게 순종하는 것이다. 기도하라면 기도하고, 잠잠하라면 잠잠하고, 아멘 하라면

아멘 하고, 순종하라면 순종하고, 금식하라고 하면 금식하고 해야 한다. 그러나 꼭 생각이 많은 사람들은 이렇게 묻는다.

"성경공부 프로그램 없습니까?"

이미 말씀이 충분하다. 이런 사람들은 거창하게 기도한다.

"주님의 뜻이 무엇인지 알게 하옵소서!"

이미 주님의 뜻이 분명하다. "지금 전도하라!"고 말씀하신다. "지금 기도하라!"고 말씀하신다. "항상 기뻐하라!"고 하신다.

전도는 내가 하는 것이 아니다. 기도하고 나가면 결과가 다르다. 기도 없이 나가면 전도지 10장을 나눠 주면 9명이 안 받는다. 그런데 기도하고 나가면 10장이면 9장, 10장을 받는다. 2년 동안 전도해도 안 나오던 카페 사장도 기도하고 나아가니 전도가 된다. 제 발로 교회로 나왔다.

"아니, 사장님. 어떻게 지난 2년 동안은 안 나오시더니 오늘은 오셨나요?"
"평소와는 다른 눈빛에 진실함이 보였습니다."

하나님께서 역사하신 것이다.

작은 교회, 농어촌교회 목사님·사모님 대상 세미나에 강사로 초대되어 말씀을 전했다. 다음 일정 때문에 급히 출발하기 위하여 주차장으로 가는데 세미나에 참석하셨던 목사님 몇 분이 내 손을 잡고 눈물을 흘리시며 이렇게 말씀하신다.

"목사님, 더 열심히 활동해 주시고 더 크게 부흥해 주세요."
"온양순복음교회가 부흥하는 만큼이 우리가 꿀 수 있는 꿈의 크기입니다."

나는 이 소리를 듣고 두려움과 더불어 큰 도전을 받았다. '여기서 결코 멈춰서는 안 되겠구나! 이젠 됐다고 안주해서는 안 되겠구나! 힘들어도 계속 더 전진, 또 전진해 나가야겠구나!' 이어서 이런 말씀을 듣는다.

"이전에는 농촌교회는 안되다고 포기했습니다."
"지금까지는 도시 개척교회는 안된다고 포기했습니다."
"목사님 집회 전까지 전도가 어렵다고, 안 된다고 생각했습니다."
"하지만 이젠 전도가 되고, 부흥이 된다고 믿습니다!"
"오늘 나가서 전도하기로 했습니다."
"오늘부터 새벽을 깨우기로 결심했습니다."
"오늘도 믿음으로 나가 전도했더니 우리 교회로 새로운 영혼들을 보내주셨습니다!"

요즘 교단 선배 목사님들을 만나 뵈면 이런 질문들을 많이 하신다.

"안 목사 교회 별 일 없나?"

교회가 부흥하면 사탄마귀가 더욱 역사한다고 한다. 교회의 안부를 걱정하시며 하는 말이다. 교회의 리더를 좌절시키면 교회의 부흥은 멈춘다. 리더가 꿈을 잃어버리면 교회는 더 이상 성장할 수 없다. 사탄 마귀는 안호성 목사의 꿈을 좌절시키고 포기하게 만들려고 애쓴다. 실제로 전쟁 중에는 백마를 타고 나서는 자가 없다. 타는 족족 1번 표적이 되어 죽기 때문이다. 실제 전쟁 중에는 눈에 띄는 계급장과 색이 파란 견장을 차고 다니는 자가 없다. 저격수의 1번 표적이 되기 때문이다. 리더만 잡으면 적은 오합지졸이 되기 때문이다.

오래된 일이지만 1950년대까지만 해도 미국의 버스 좌석이 흑인, 백인이 앉는 좌석이 따로 있었다고 한다. 아무리 백인 좌석이 비어 있어도 흑인은 앉지 못했다. 로저 팍스라는 여인은 이러한 편견을 깨고 백인 좌석에 앉았다. 이 여인의 용기 있는 행동으로 미국의 인권의 역사가 바뀌며 위대한 마틴 루터 킹을 낳았다. 많은 기자들이 이 여인에게 인터뷰를 했다.

"어떤 인물을 존경하십니까? 가장 큰 영향을 준 인물이나 책은 무엇입니까? 왜 이런 위대한 행동을 하게 되신 것입니까?"

그녀는 졸린 듯 단순하게 대답했다.

"그저 다리가 너무 아파서 앉았을 뿐입니다."

그렇다! 단순한 것이 위대한 역사를 이룬다. 사람들은 위대한 역사가 위대한 행동으로 시작된다고 믿는다. 그러나 성경은 단순함에서 시작된다고 말씀하신다. 일곱 번 씻으면 된다. 별거 아닌 행동이다. 그러나 나아만은 분노한다. 너무 시시하다는 것이다. 너무 작은 일이란 것이다. 이렇게 행동하는 사람들이 얼마나 많은지 모르겠다. 포기해선 안 된다. 단순함에서, 지극히 작은 일을 통해 하나님께서 일하신다.

새벽에 나와 무릎 꿇고 기도하는 단순함을 통해,
현장에 나가서 그리스도를 전하는 전도의 단순함을 통해
오늘도 하나님께서 일하신다!

감사가 기적을 부른다 (1)

1620년 9월 16일 영국의 사우샘스턴 항을 메이플라워(Mayflower)호가 출항했다. 신앙의 자유를 찾아 나선 102명의 청교도들이 이 배에 타고 있었다. 배에 물이 새어 들어와 한 번의 회항이 있었다. 이후에도 폭풍과 괴혈병에 시달리며 마침내 두 달여의 행해를 마치고 11월 21일 미국의 매사추세츠 주 해안에 도착했다. 이들은 필그림 파더스(Pilgrim Fathers), 순례의 시조(始祖)로 불리게 되었다. 그들은 지금의 보스턴 지역을 플리머스라고 명명하고 정착하였다. 기쁨도 잠시, 모진 추위와 식량이 모두 떨어져 다음해 봄까지 선상에서 죽은 사람까지 포함하여 절반가량인 44명이 목숨을 잃는 안타까움도 있었다. 하지만 좌절하지 않고 이들은 농사를 짓고, 교회를 먼저 지었다. 그리고 그 결과 첫 추수한 것을 감사하며 예배를 드렸다. 이것이 추수감사절(Thanks giving Day)의 기원이다.

한 가난한 농부가 드린 감사의 첫 열매가 기적을 낳았다. 감사한 마음을 가슴에만 품는다면 심각한 위기에 빠지지 않을 것이다. '나는 성격이 원래 그래, 표현을 잘 안 해, 말은 안하지만 속은 깊어', 이런 얼토당토한 말로 자신을 스스로 속이고 있지는 않는가? 그러나 자신의 불쾌한 감정은 즉각 토해 내면서, 싫은 내색도 그렇게도 잘도 하면서 왜 감사에는 인색한가? 노자는 "충분히 가졌음을 아는 자가 부자이다."란 말을 했다.

감사는 우리에게 이미 와있다.
지금 상황이 감사하기에 이미 충분한 것이다.
단지 모를 뿐이다.

감사를 마음에만 묻어 두지 말라! 감사의 표현을 지체하지 말라!

감사를 억누르면, 감사에 인색하면 아무런 기적은 일어나지 않는다.

2012년 6월23일 이명박 대통령께서 콜롬비아를 방문하셨다. 잘 모를 수 도 있지만 이 방문은 굉장히 의미 있는 역사적 방문이다. 우리나라 역대 대통령으로서는 처음 방문일뿐더러, 중남미 국가 중 유일한 6.25 참전국이었던 콜롬비아를 처음 방문한 사건이었다. 1953년 정전협정이후 59년 만에 6.25 참전 16개국 중 모든 참전국들에 대한 대통령의 방문이 끝을 맺는 순간이기도 했다. 이명박 대통령의 정치적, 역사적 평가는 이곳에서 논하지 않겠다. 물론 잘못한 것도 많다. 하지만 그럼에도 그가 잘한 것 중 한 가지는 국가 간에 감사를 표현 할 줄 아는 대통령이란 사실이다. 이명박 대통령의 재임기간 중 방문한 참전국은 모두 13개국에 달했다. 그는 "우리의 자유를 위해 피 흘린 우방에 대한 당연한 예의입니다."라고 감사를 표했다. 물론 전년도에는 역시 같은 참전국인 에티오피아 방문이 있었다. 6.25 참전 동맹국이었던 에티오피아의 아픔과 고통을 그동안 우리는 너무 외면했다. 현재 에티오피아는 문화적 정치적, 경제적으로 수교를 맺고 교류를 많이 가져봐야 손해만 나는 나라다. 퍼주어야만 되는 몹시 가난한 나라. 그러나 1950년 6.25 당시 세계 최극빈국 하위 소득 순위 2위에 올랐던 우리나라를 에티오피아 젊은이들이 자유민주주의를 수호하기 위해 피를 흘려 주었다. 그런데 그동안 단 한 번도 국가 원수가 방문을 하지 못한 것이다. 뒤늦게나마 대한민국 대통령의 첫 방문을 통해 감사의 마음을 전했다. 방문하여 학교를 지어주고 그들의 후손들을 지원해 유학을 지원하는 프로그램을 체결했다. 절대 감사를 잊어서는 안 된다.

감사가 기적을 부른다 (2)

문제와 싸우지 말고 감사로 해결하라!

문제와 위기 속에서, 고난과 고독 속에서 우리는 '절대감사'라는 카드를 재빨리 꺼내야 한다. 문제와 자꾸 상대하려고 하지 말라! 고난과 고독을 붙들고 씨름하지 말라는 말이다. 슬픔을 자꾸 묵상하면 어느 정도 풀리고 줄어드는가? 아니다 슬픔은 묵상하고 빠져들면 들수록 더 깊은 늪처럼 나를 빨아들인다. 결국엔 그 슬픔에 매몰되어 헤어 나오지 못하게 되어 있다.

종기나 뾰두라지가 난 적이 있는가? 자꾸 만지면 더 커지고 덧난다. 안 건드리는 것이 지혜다. 긁어 부스럼이란 속담이 괜히 생겼겠는가? 고난이라는 종기를, 문제라는 종기를 자꾸 건드려서는 안 된다. 그때 가장 좋은 연고는 바로 기도다! 기도의 연고를 바르면 문제는, 위기는, 고난은, 고독은 어느새 사르르 눈 녹듯 사라진다. 그런데 그 기도라는 연고의 주성분이 무엇인지 아는가? 바로 감사라는 것이다.

"목사님, 우리 회사에 와서 예배를 드려 주세요."
"네, 집사님 갈게요. 근데 창업예배 드린 지 얼마 안 된 것 같은데 왜 또 예배를 드리시려고요?"
"아, 목사님 회사가 망했어요. 그래서 폐업감사예배를 드려 주세요."

"네?"

경북지역 어느 교회에서 일어난 일이라 한다. 폐업감사예배를 요청한 부도난 공장의 사장 집사님이 있었다. 그분의 주장은 이렇다. 개업감사예배를 드렸는데 아무리 망했다 하더라도 하나님께서 하시는 일인데 어찌 감사하지 않을 수 있겠는가! 폐업감사예배도 드리지 않을 수 없다는 요지다. 그분은 망하게 하신 하나님께도 감사했다. 하나님의 섭리를 믿었다. 기대했다. 몇 년 후 그 집사님은 크게 재기에 성공했다. 구미공단에서 손꼽히는 매출을 올리는 엄청난 재력가가 되었다. 감사는 망해도 흥하게 한다!

> 아무 것도 염려하지 말고 오직 모든 일에 기도와 간구로, 너희 구할 것을 감사함으로 하나님께 아뢰라. 그리하면 모든 지각에 뛰어난 하나님의 평강이 그리스도 예수 안에서 너희 마음과 생각을 지키시리라 -빌 4:6~7-

성경은 기도할 때 꼭 첨가하라는 주성분이 있다. 바로 "감사"다. "너희 구할 것을 감사함으로 아뢰라!" 감사는 기적을 일으킨다. 감사는 작은 발상의 전환에서 시작된다.

하루는 집회를 강원도 산골로 갔다. 교회에서 준비해 놓은 숙소에 짐을 풀었다. 그런데 그곳은 손님도, 인적도 끊긴 참으로 외진 곳에 있는 모텔이었다. 선택의 여지가 없었다.

시설이 낡고 불편한 것은 그런대로 참을 수 있었는데 늦가을이지만 이미 살얼음이 얼기 시작한 강원도 그 추위 속에 보일러를 틀지 않아 추워 잠을 잘 수 없었다. 너무 화가 나서 컴플레인을 하기 위해 카운터로 내려갔더니 그 모텔 사장님은 장사가 너무 안 돼 오늘 손님이 나밖에 없어 손님 하나 때문에 전체 보일러를 틀려니 너무 부담스럽다며 죄송하다고 그냥 전기장판 틀고 자달라며 요즘 얼마나 힘든지 10년 만에 끊었던 담배를 다시 태우기 시작했다고 울먹였다. 그 모습 보니 내 처지가 오히려 감사하게 느껴졌다. 덕분에 보일러도 없이 추운 밤을 지새웠지만 마음은 따뜻했다.

감사할 때 기적이 일어나고, 감사 기도해야 기도가 응답된다는 설교를 들은 어느 여집사가 있었다. 그런데 그녀는 한숨을 내쉬고 있었다. 그녀의 남편은 매일 같이 술이 만취되어 늦게 귀가하는 술고래형 인간이었기 때문이다. 그날따라 더욱 설교에 은혜를 받은 여집사는 "나도 술고래 저 인간 보고 감사했으면 좋겠다!" 때마침 그날도 인사불성이 되어 집안에 쓰러진 남편을 발견했다. 그 무거운 술에 취해 축 늘어진 남편을 죽을힘을 다해 끌어다가 겨우 눕혔다. 여집사는 기가 막혔다. '저런 술고래를 보고 감사가 나올 수 있나? 목사님은 가능할지 몰라도 제 상황이 돼 보시라고요, 이런 상황에서 감사가 나오나?' 돌아앉아서 기구한 신세타령만 했다. "하나님, 나는 왜 이런 남자와 결혼해서 이런 고생을 합니까?" 하며 훌쩍훌쩍 울었다. 그래도 밑져야

위기탈출의 기술들 | 161

본전이라는 심정으로 감사의 조건을 머릴 써 가며 찾기 시작했다.

"술고래 남편이라도 있어, 과부가 아닌 것을 감사합니다."

"술에 고주망태가 되어도 제 발로 제집은 찾아오게 하시니 감사합니다."

"사랑하는 우리 아이들에게 그래도 아빠가 있어 줘서 감사합니다."

"토요일은 술을 더 많이 마셔서 주일날 아침 늦게까지 자서, 교회 가는 것 방해 안하게 하심을 감사합니다." 그렇게 술 취한 남편 앞에서 기도했다. 자다가 갈증을 느껴 깬 남편이 웃으면서 감사 기도하는 아내가 보였다.

"당신 뭐 하는 거야? 한 밤중에 잠은 안 자고 미쳤어?? 뭐가 그리 좋아 싱글벙글이야?" "여보, 당신하고 사는 것이 너무 감사해서 그래요."

하면서 자기가 이제껏 기도했던 감사 조건을 다 말했다. 그랬더니 남편에게서 기적이 일어났다.

"여보, 내가 예수 믿는 게 소원이면, 오늘부터 예수 믿을게."

10년 동안 기도해도 이루어지지 않던 소원이 단 한 번의 감사기도로 이루어진 것이다!

할머니 권사님이 있었다. 목사님이 남편에 대해 감사하라는 설교를 하셨다. 집에 돌아와 남편을 보자, 도무지 감사할 구석이라고는 단 한 군데도 없어 보였다. 그래도 집중해서 뭘 감사할까 하다가 남편의 알통이 아주 조금 나온 것을 보았다.

"하나님, 남편이 나이가 저렇게 먹었어도 알통이 나온 것을 감사합니다."

그 소리를 남편이 들었다. 다음 날 할머니 권사님이 할아버지를 찾았는데 아무리 찾아도 안보였다. 찾고 찾다 보니 옥상에 있었다. 옥상에서 할아버지는 아령을 가지고 새벽부터 열심히 운동을 하고 있었다.

탈무드에는 혀에 "감사합니다."라고 길들이기 전에는 아무 말도 하지 마라는 말이 있다. 감사로 길들여졌을 때 비로소 입을 열수 있다는 말이다. 웨슬리는 선교에 열정이 있던 젊은이였다. 1736년 2월 6일 미국에 도착했을 때 그는 다음과 같은 기록을 남겼다.

"금요일 아침 8시 즈음, 우리 일행은 미국 땅을 밟았다. 인적이 없는 작은 섬에서 우리는 먼저 무릎을 꿇고 하나님께 감사드렸다."

감사는 모든 일의 출발이다. 기도할 때에도 감사함으로 아뢰는 것이 출발이다. 감사는 기적을 부른다. 감사는 변화의 폭풍을 일으킨다. 오늘부터 당장 감사하기 시작하라, 감사의 숨은 그림 찾기를 시작하라! 역사가 일어난다!

문제의 근원을 해결하라

그 성읍 사람들이 엘리사에게 말하되 우리 주인께서 보시는 바와 같이 이 성읍의 위치는 좋으나 물이 나쁘므로 토산이 익지 못하고 떨어지나이다
엘리사가 이르되 새 그릇에 소금을 담아 내게로 가져오라 하매 곧 가져온지라
엘리사가 물 근원으로 나아가서 소금을 그 가운데에 던지며 이르되 여호와의 말씀이 내가 이 물을 고쳤으니 이로부터 다시는 죽음이나 열매 맺지 못함이 없을지니라 하셨느니라 하니
그 물이 엘리사가 한 말과 같이 고쳐져서 오늘에 이르렀더라 -
왕하 2:19~22-

여리고는 광활한 사막의 오아시스와 같이 경치가 좋고 살기 좋은 곳이었다. 뿐만 아니라 여리고에는 유대 산지에서 저지대로 흐르는 강이 있었으며, 종려나무(신 34:3)와 무화과나무(눅 13:6~9)가 있었고 방향(芳香)의 관목들과 향기로운 수지를 내는 나무 등이 많아 아름다운 곳으로 손꼽히던 장소였다. 한편 본문의 이 이야기는 텔 에스술탄(Tell es-Sultan)의 서쪽에 위치한 '엘리사의 샘'의 전설로서 오늘날까지 전해져 오고 있다. 여리고성에 큰 문제가 있었다. 외적인 조건은 좋았다. 땅도 기름지고, 열매도 주렁주렁 열린다. 그런데 열매가 채 익기 전에

똑 떨어진다. 열매가 익어야 따는데 익기도 전에 떨어지는 것이다. 히브리어 원어에 '떨어지다'는 뜻은 '유산하다'란 의미를 포함하고 있다.

　우리에게 해결하지 못하는 문제가 있는가? 오늘 하나님께 이런 문제들을 내려놓아야 한다. 근본적인 원인을 찾지 못한다면 우리의 문제에서 영영 헤어나지 못할 것이다.

　여리고의 문제는 물의 문제였다. 물이 좋지 않아서 문제가 발생했던 것이다. 아무리 지형이 좋고, 위치가 좋아도 물이 오염되고 좋지 않으면 모든 소산이 익지 못하고 떨어지는 것처럼, 우리 삶도 마찬가지로 문제의 근본적 원인을 해결하지 않으면 계속해서 문제는 반복될 것이다. 원인이 해결되지 않으면 슬픔과 실패는 답습될 수밖에 없다는 것을 명심하라. 그러므로 문제의 원인을 아는 것이 가장 중요하다!

　조엘 오스틴 목사의 저서 '긍정의 힘'에 나오는 이야기다.

　어느 아프리카 마을에 전염병이 돌았다. 수많은 사람들이 시름시름 병에 걸려 앓다가 죽어갔다. 죽음의 재앙이 마을 전체를 덮친 것이다. 이 문제를 해결하기 위해 UN과 NGO 단체가 나서서 원인을 찾아냈다. 알고 보니 식수원이 되는 저수지의 수로에 지난 홍수 때 떠내려와 죽은 돼지 한 마리가 낀 채로 죽어 있었다. 그 썩은 돼지 사체의 오염물이 수로를 통과하며 전체를 오염시킨 것이었다. 오염의 근원을 제거하자 전염병은 더 이상 돌지 않았다. 맑은 물을 마실 수 있게 된 것이다.

　기업의 예를 들어 보겠다. 삼성전자는 일본의 Sony와 미국의 GE를 제치고 세계1위의 기업으로 자리매김하게 되었다. 그 밑바탕에는 끊임없는 원인 분석, 근원을 캐려는 열정이 있었다. 삼성 반도체가 초창기에 불량률이 매우 높았다. 불량률이 높다는 것은 생산성이 매우 취약하여 이익을 내기 어렵다는 말이다. 10개를 만들어서 7개 불량, 3개만 팔면 수익이 있겠는가? 당시 일본은 최첨단 반도체 산업을 이끌고 있었다. 유명한 NEC회사를 찾아가 그 불량률을 줄이는 방법을 배우기 위해 고군분투했다. 그러나 쉽게 가르쳐주겠는가? 여러 번 방문을 통해 원인을 찾아 낼 수 있었다. 그 회사 직원은 간단하게 설명했다.

"저기 공장안 바닥이 보이시나요?"

유리 안에 있는 투명한 공장 바닥이 보였다.

"네, 잘 보여요, 아주 맑고 투명해 보이는군요."

"혀로 핥아도 될 정도로 깨끗한 환경을 유지해야 합니다."

"아, 그렇군요. 그게 원인이었군요!"

그렇다. 사소한 먼지가 불량률을 올리는 원인이었던 것이다. 반도체 회사에서 일하는 직원들은 우주복 같은 옷을 입고, 안경에 마스크는 기본으로 하지 않던가! 이후에 삼성전자는 비약적인 발전을 하였다. 그리고 세계 1위의 회사가 되었다. 원인을 발견하자, 급성장한 것이다.

여리고 백성들과 엘리사는 닥친 문제의 근본적 원인을 알고 있었으며 그것을 풀었기에 위기와 아픔으로부터 탈출 할 수 있었다. 우리 삶 중 문제의 정확한 원인을 알고 있는가? 그리고 그 문제를 해결하려는 노력이 있는가?

여호수아가 그 때에 맹세하게 하여 이르되 누구든지 일어나서 이 여리고 성을 건축하는 자는 여호와 앞에서 저주를 받을 것이라 그 기초를 쌓을 때에 그의 맏아들을 잃을 것이요 그 문을 세울 때에 그의 막내아들을 잃으리라 하였더라 -수 6:26-

여호수아는 여리고를 저주하였었다. 이 저주로 인해 여리고의 과실은 열매를 맺지 못한 채 저주 속에 머무를 수밖에 없었다.

골프의 기본자세를 위한 스트레칭이 있다. 풀 샷을 하기 위해 소위 똑딱이 샷을 6개월 동안 배우기도 한다. 다음 단계를 나아가기 위해서 철저하게 기본자세를 익혀야 하기 때문이다. 하나의 자세가 흐트러지면 다른 곳에 문제가 생긴다. 상체가 아무리 자세가 좋아도 하체 근력이 딸리면 아무리 샷이 좋아도 멀리 날아가지 않는다. 아무리 힘 있게 내리쳐도 자세가 무너지면 절대로 좋은 샷이 나오지 않는다.

우리도 영적 문제를 해결해야 한다. 오늘의 삶은 치열하고 신실하며, 잘될 만한 많은 조건과 상황, 스펙을 가지고도 자꾸 미래의 희망이 떨어지고 실패하는가? 하나님과의 문제를 해결하라! 하나님과의 관계에서의 막힌 담을 허물어야 한다. 하나님은 우리가 잘되기를 원하신다. 영혼이 잘되고, 범사가 잘되고, 건강하기를 원하신다. 익기도 전에 채 열매가 떨어지고, 추수하기 전에 추수를 망치는 내 삶의 문제를 하나님 앞에 나아와 겸손히 기도해야 한다.

사랑하는 자여 네 영혼이 잘됨같이 네가 범사에 잘되고 강건하

기를 내가 간구하노라 -요삼 1:2-

소금을 던져라

　　소금은 성경에서 언약과 은혜를 상징하는 물질이다. 즉 우리 삶의 모든 문제의 근원을 치유하고 해결하는 가장 좋은 방법은 소금을 던지는 것이다. 소금을 던진다는 의미는 무엇인가? 우리 삶의 문제의 근원지에 하나님의 은혜와 약속을 개입시키는 것이다. 다시 말해 하나님의 말씀에 귀 기울여야 한다는 점이다.

　하나님의 은혜와 사랑을 기억하고 내 삶의 중심에 던지는 것만으로도 우리의 모든 문제는

　해결된다. 신앙생활의 모든 아픔과 문제, 우리 삶 중에 찾아온 모든 슬픔의 조건들은 그것이 아무리 크고 중하여도 그리스도의 십자가 은혜와 영원한 생명의 약속을 기억할 때 순식간에 사라지고 제거된다.

　우리는 문제가 없어서 기뻐하고 즐거워하는 자들이 아니라 우리에게 향하신 하나님의 인자하신 은혜와 사랑으로 인하여 즐거워하는 것이다. 이로 인해 우리는 어떤 상황에도 즐거워하고 기뻐할 수 있는 것이다.

소금은 어디에 담아야 할까? 새 그릇에 소금을 담아야 한다. 우리는 새로운 삶과 마음가짐에 이 소중하고 가치 있는 은혜를 담아야 할 것이다. 나는 변하지 않은 채 그 고귀한 은혜와 새 언약만을 간구하는 자가 되어선 안 된다.

준비가 되었다면 이제 말씀으로 축복을 선포해야 한다. 언제 여리고의 저주가 끊어지고 축복이 시작되었는가? 하나님의 말씀이 하나님의 사람의 입술을 통하여 선포될 때 였다. 우리에게 가장 큰 축복은 하나님의 말씀이 제대로 선포되는 것이다.

우리 울산 온양순복음교회의 축복은 무엇인가? 바로 하나님의 말씀이 선포된다는 것이다. 누구의 눈치도 보지 않는, 사람의 손을 타지 않는, 진정한 하나님의 말씀만 이 강단에서 흘러내린다. 그 은혜의 강가에 생명과 축복이 넘쳐난다. 모든 재앙과 저주는 단절되고 모든 삶의 문제와 아픔은 눈 녹듯 사라지게 된다. 우리 하나님의 사랑과 은혜를 기억하며 하나님의 말씀 아래 겸손하게 엎드려야 한다. 그리고 하나님께서 역사하심으로 놀랍게 모든 문제가 해결되는 기적 같은 축복을 경험하자!

강점으로 승부하라

엘리사 사역의 곤고함과 열악함의 위기는 수넴 여인과의 만남을 통해 완벽하게 해결되었다. 또한 수넴 여인의 상속자 아들 없음의 위기는 엘리사를 만남으로 인해 극적으로 해결되었다.

하나님께서는 우리를 완벽하게 만들어 주시고
모든 것을 퍼펙트하게 채워주심으로 문제를 해결하심이 아니라
우리 삶이 불완전하여 채워지지 않음의 위기를
만남의 축복을 통해 해결하신다.

요한복음 4장에는 수가성 우물가의 여인이 나온다. 그녀는 사람들의 눈을 피해 아무도 안 다니는 뙤약볕이 내리쬐는 한낮에 나와 우물을 깁는다. 그도 그럴 것이 남편이 다섯이나 있었으나 만족하지 못한 채, 6번째 남편과 살고 있던 여인이었다. 그러던 어느 날 예수님이 이 여인을 만나러 오신다. 예수님과의 만남을 통해 그녀의 삶은 송두리째 변했다. 마을에 미친 듯이 달려가 예수님의 소식을 전했다. 전도자의 삶으로 완전히 변화된 것이다.

비목어는 눈이 한쪽으로 쏠려있어 한 방향밖에 볼 수 없는 물고기들이다. 이들은 떼를 지어 서로가 서로의 눈이 되어 줌으로 천적의 위기로부터 벗어나 생명을 유지할 수 있다. 킹덤북스 출판사 윤 목사님

과의 인터뷰 내용 중에 이런 말이 나온다.

"나는 성도들의 단점으로 다 보완하려 하지 않고 장점들을 극대화하여 그들을 함께 묶는 것으로 교회를 안정적으로 이끌어 갑니다."

단점을 보완하여 한 사람 한 사람 평균이상의 사람을 만들기보다 자신만의 강점을 극대화하여 그들을 모아 강력한 공동체를 만드는 것이 복음적 교회의 경영이요 이끎이다. 경영학자 피터 드러커는 이미 이러한 원리를 알고 있었다. 그도 단점을 보완하는 데 시간을 보낼 것이 아니라 장점을 더욱 극대화하는 데 시간을 보내는 것이 경영에 있어서 더 효율적임을 밝혔다.

존중의 힘

엘리사에게 수넴 여인은 귀한 여인이었고 수넴 여인에게 엘리사는 하나님의 거룩한 사람이었다. 엘리사와 수넴 여인은 사역에 있어서 서로에게 꼭 필요한 관계였다. 그러나 아무리 좋은 만남을 허락해 주셔도 그것을 귀하게 보지 못하면 그것은 쓸모없는 싸구려 만남이 될 뿐이다.

두란노에서 시작된 아버지 학교는 서로의 소중함을 먼저 알도록 이끈다. 두란노 아버지학교의 첫 번째 숙제는 자녀에게 매일 축복기도하고 안아주는 것으로 시작된다. 첫날은 서먹서먹하고 '우리 아버지가 뭘 잘 못 잡수셨나?' 하다가 매일 축복기도해 주고 안아 주면 나중에는 서로의 소중함을 더욱 깊이 깨닫게 된다. 자녀에게 편지 쓰기, 자녀가 사랑스러운 이유 20가지 쓰기, 아내에게 편지쓰기, 아내가 사랑스러운 이유 20가지 등을 우편으로 배달해준다. 이렇게 5주 과정을 거쳐 수료식에 이르면 서로서로 가족 간의 소중함을 알게 되고, 무너졌던 가정, 깨어졌던 가정들이 다시 회복되는 기적 같은 역사가 일어난다.

아내는 남편이 귀한 줄 알아야 하고, 남편은 아내가 귀한 줄 알아야 한다. 자녀는 부모를 귀하게 여길 줄 알아야 하고, 부모는 자녀를 존중할 줄 알아야 한다. 성도는 목사님을 귀하게 여길 줄 알아야 하고, 목사는 성도들을 귀하게 여길 줄 알아야 한다. 이러할 때에 귀한 만남 축복의 역사가 일어나는 것이다.

집회를 가보면 기적 같은 성장과 축복이 터지는 교회의 공통점이 있다. 바로 강사를 귀하게 대접한다는 것이다. 나는 아무리 작은 교회라도 정말 한 교회 한 교회를 귀하고 소중하게 여기며 대한다. 이것만큼은 정말 자신 있다.

그런 곳이 많지는 않지만, 어떤 교회들은 하나님의 말씀과 대언자를 너무 소홀히 여기고 싸구려 취급할 때가 있다. 그런 곳에서는 정말 아무리 내가 열심을 다하고 진액을 쏟아도 하나님의 역사가 일어나

질 않는다. 전화벨이 집회 중에 수시로 울리고 들락날락하는 사람들이 왜 이리 많은지 모르겠다. 중간에 일어나 나가는 사람도 많다. 그나마 앉은 사람들은 아무리 외쳐도 반응은 썰렁하다. 소중한 것을 업신여기고 말씀을 업신여기고, 예배를 업신여기기 때문이다. 이런 곳에는 아무런 역사도 일어나지 않는다. 서로에게 감사의 인사를 나눠보자.

"당신이 있어 너무 행복합니다."
"당신을 만나 너무나 행복했던 한 해였습니다."

당신이 만나고 싶은 바로 그 사람

    헬렌 켈러가 그의 스승 설리반을 만나지 못했다면 그녀는 한낱 장애인으로 살다 세상을 떠났을 것이다. 빌 게이츠가 스티브 발머를 만나지 못했다면 마이크로 소프트는 그저 보통벤처기업으로 활동하다가 망했을 지도 모른다. 빌게이츠는 소프트웨어 개발에는 천부적 재능을 가졌으나 영업이나 경영에는 문외한이었고 대학 동창이었던 스티브 발머는 경영의 귀재였다. 빌 게이츠는 자신의 한계를 인정하고 친구 스티브 발머를 영입했다. 그는 PC 운영체계인 'DOS'를 만

들어 전 세계에 판매했다. 빅 히트를 쳤다. 이어서 스티브 잡스가 개발한 맥 OS를 본 딴 윈도우 버전을 만들어 판매했다. 업그레이드 버전이 개발 중이면 중간에 사전예약 판매를 실시했다. 역대 전무한 "나오지도 않은 물건"을 성공적으로 판매한 회사가 MS다. 신통하지도 않은 업그레이드를 계속하면서 기존구입자에게는 특혜를 주며 또 팔았다. 울며 겨자 먹기의 신공을 발휘한 회사가 MS. 제품을 갖고 있는 고객에게도 조금 싸게 또 제품을 팔았다. 패키지를 만들어 다양화 했고, 별 쓸모도 없는 프로그램까지 끼워 팔기에도 성공했다. 결국 마이크로소프트사를 세계적 기업으로 성장 시켰고, 빌 게이츠는 세계 제일의 부자가 되었고, 스티브 발머 자신도 버금가는 재산과 지위를 누리게 되었다.

월트 디즈니는 창조적인 일을 하는 사람이었다. 원대한 꿈을 꾸었고, 그 꿈을 실제로 실행할 수 있는 사람이 필요했다. 그에게는 동생 로이 디즈니가 있었다. 로이는 월트의 꿈을 차근차근 실행해 나갔다. 로이의 최종적인 손길을 통해 그의 원대한 디즈니랜드의 꿈을 이룰 수 있었다.

여러분들도 이렇게 나를 크고 빛나게 해 줄 조역자를 만나고 싶을 것이다. 하지만 하나님의 백성들은 나를 도와줄 좋은 사람을 기대하기보다는 내가 누군가에게 좋은 만남으로 기억될 사람이 되어야 한다. 이 사명을 가지고 살아야 한다.

흉년이 계속되는 때가 있었다. 사람들은 하루 한 끼도 제대로 먹지 못했다. 나무꾼도 허기진 채 산에 올라가 뭔가 먹을 것이 없을 까 찾아 헤맸다. 그러다 희한한 광경을 보았다. 굶어 죽을 위기의 네발 다친 여우를 세상에! 호랑이가 먹을 것을 갖다 주고 돌보는 것이 아닌가! 이를 본 나무꾼이 '하나님이 저렇게 미물인 여우도 기가 막히게 살리시는데 나를 굶어죽게 하시겠는가?' 집에 돌아와서는 편안하게 아무 걱정 없이 방에 처박혀 있다가 굶어 죽었다. 하늘나라에 간 나무꾼이 하나님께 억울한 듯 여쭈었다.

"하나님, 제가 여우보다 못합니까?"
"너는 왜 네가 여우라고 생각하며 여우의 인생을 꿈꾸느냐? 네가 호랑이의 삶을 살 생각은 하지 못했느냐? 나는 너를 여우로 삼지 않고 호랑이의 삶으로 창조하였다!"

기다리지 마라,
당신이 기다렸던 바로 그 사람이 되라,
기대하지 마라,
당신이 바로 기대했던 그 사람이 되라!

좋은 선생님을 바라지 말고
내년에는 내가 혹은 내 자녀가 좋은 학생,
좋은 학부모가 되길 기도하자.
좋은 친구 바라지 말고 내가 누군가의 좋은 친구가 되어주자!
좋은 목사가 없다고 탓하기 전에 내가 좋은 목사가 되어보자!

좋은 아래층 이웃을 기대하지 말고 내가 인격 있는 좋은 위층이 되어보자!

좋은 설리반을 기대할 것이 아니라 내가 도울 수 있는 헬렌 켈러를 찾아보자!

주의 종

엘리사를 잘 섬기고 음식을 잘 대접했던 수넴 여인의 이야기가 나온다. 8절에서는 음식을 대접했고, 10절에서는 기도와 말씀준비를 할 수 있도록 방과 가구 등을 사용하도록 배려하였다. 13절에는 귀한 자녀를 얻는 축복을 얻는다. 가는 곳마다 낯설고 정처 없이 이곳저곳을 다니며 사역하던 엘리사에게 수넴 여인의 집은 커다란 안식처와 같은 곳이었다. 이러한 헌신과 희생으로 인해 수넴 여인은 꿈을 잃고 살아가던 삶의 위기를 엘리사로 인하여 귀한 자녀를 얻는 축복을 통해 새로운 삶을 얻게 된다.

포기한 채 더 이상 기도조차 하지 못하는,

기대하지조차 못하는,

꿈꾸지조차 못하는 삶에서.

자녀의 축복 아들을 얻게 된 것이다.

그러나 문제가 생겼다. 그 귀한 아들이 병에 걸려 죽은 것이다. 엘리사는 이 소식을 듣고 먼 길을 마다하지 않고 수넴 여인의 집으로 달려왔다. 그리고 그 아들을 다시 살려낸다.

하나님의 돌보심은 여기서 끝나지 않는다. 열왕기하 8장에는 수넴 여인이 기근으로 큰 경제적 위기를 당해 힘겨울 때도 찾아와 그녀의 모든 재산과 축복을 회복시킨다. 주의 종을 잘 섬긴 여인의 축복이었다.

주의 종을 잘 섬기고 공궤하는 자의 축복을 기억하고 본받고 누리시길 축원한다. 내가 이런 소리를 하면 주변에서 많은 분들이 입을 맞춘 듯 한결같이 뜯어 말린다.

"그런 소리 함부로 하지 마. 안 목사, 큰일 나!"

"네? 왜 큰일 나요?"

"요즘엔 그런 사람을 권위주의 목사라고 해!"

"성경말씀에 있는 대로 성도들 축복 받으라는데 권위주의 목사라뇨?"

"안 목사, 목회경험이 적어서 아직 세상물정을 몰라서 그러는데, 그런 소리 하면 성도들이 싫어해!"

"성도들 축복받으라는 내용인데 싫어한다니요?"

"어쨌든… 참아!"
"네?"

참 신기한 시대다. 성도들이 축복받는 비결을 설교하지 말라니 말이다. 과거 우리 믿음의 선배들은 교회에서 이렇게 배우고 가르쳤다. 요즘엔 하지 말라는 게 너무 많다. 예수님의 재림을 준비하라는 설교도 하지마라, 죄에 대해서 설교하지 마라, 회개하라고도 하지 마라, 지옥에 대해서도 설교하지 마라. 이것저것 다 빼면 뭘 설교하란 말인가?

"눈에 보이는 주의 종도 못 섬기면서, 어떻게 눈에 안 보이는 하나님을 섬긴다고 하는가!"

어려운 시대, 자신들은 한 끼 굶으면서도 주의 종은 대접한다고 먹을 것을 공급했던 것이 우리 한국교회의 전통이었다. 뭐든 첫 열매가 익으면 제일 먼저 주의 종에게 갖다 드리며 기쁨과 감사를 함께 나누었던 교회가 바로 우리 한국교회다. 그러한 헌신과 섬김들이 있었기에 후손인 우리들이 흔들어 넘치도록 축복을 받은 것이다. 그런데 지금은 그렇게 하지 말라고 하니 참으로 기가 막힌 일이 아닐 수 없다. 난 주의 말씀이라면, 물불 안 가리고 전한다. 성도들이 축복받을 일이라면 물불 안 가리고 땅 끝까지라도 가서 전한다. 이것이 축복의 비결이다.

아브라함이 주의 사자를 극진히 대접했을 때 아들 이삭의 축복을 약속받았고,

사르밧 과부가 극심한 기근 중에 아들이 먹어야 할 마지막 한 줌의 밀가루로 만든 음식을

엘리야 목사님께 공궤했을 때 그 가정에 기름과 가루가 떨어지지 않았으며, 그 아들이 죽었을 때 또 그 아들을 엘리야를 통해 살려 주셨다.

수넴 여인이 주의 사자 엘리사를 세심하게 배려하고 섬겼을 때 그 가정에 가장 절박한 소망

아들을 주시고 그 아들이 죽었을 때 엘리사를 통해 살려 주셨듯이 당신이 주의 종, 주의 사자를 최선을 다해 공궤하고 섬기면 주의 종을 통해 당신 가정의 가장 절박한 기도제목을 이뤄 주시며, 축복을 내려 주시고, 또한 자녀들의 인생을 책임 져 주십니다.

사랑하는 성도 여러분

주의 종을 최선을 다해 섬기고 사랑하십시오!

순종할 때 기적 시스템은 가동된다

움직이는 자가 기적을 맛 볼 수 있다.

오늘 이 축복의 말씀의 수혜자, 주인공은 누구인가?

바로 성문어귀의 네 명의 나병환자였다. 그들은 모두 성 안에서 벌벌 떨며 굶주려 죽어가고 있을 때에 그들은 용기 있게 발을 떼어 진으로 들어갔다. 움직이는 자가 하나님께서 펼치신 기적을 목도하고 누릴 수가 있는 것이다.

오늘도 제대로 움직이지 못하고 하나님이 주신 축복을 맛보지 못한 채 살아가고자 하는가?

네 명의 나병환자는 확실한 말씀의 이해와 완벽한 확신을 가지고 순종하지는 않았다. 그저 "여기서 죽으나 저기서 죽으나 그냥 가보자!" 하는 조금은 무모하고 무식한 순종이 기적을 낳았다.

완벽한 확신이 있어서 순종하는 것이 아니다. 이리 계산하고, 저렇게 알아보고, 돌다리도 두드려보고 건너자는 세상적 신중함이 아니다. 때로는 하나님께서 우리에게 원하시는 순종은 납득할 수 없는 순종, 이해할 수 없는 순종을 요구하실 때가 있다.

밤새도록 날이 밝도록 그물을 던졌으나 허탕이었던 그날 아침 예수님께서는 말씀을 마치시고 "깊은 데로 가서 그물을 내려 고기를 잡으라(눅 5:3)"고 명하신다. 어부 베드로는 순종한다. 그리고 그물이 찢어

질 정도로 많은 물고기를 잡게 된다.(눅 5:6)

아브라함은 그의 아들 이삭을 모리아산에서 번제물로 바치라고 명하시는 하나님의 말씀에 순종한다.(창22:2)

> "아침에 일찍이 일어나 나귀에 안장을 지우고 두 종과 그의 아들 이삭을 데리고 번제에 쓸 나무를 쪼개어 가지고 떠나 하나님이 자기에게 일러주신 곳으로 가더니" -창 22:3-

그는 아침에 일찍이 일어났다. 머뭇거리거나 뜸들이지 않았다. '아니 이삭을 통해 하늘의 별과 같이 바다의 모래같이 큰 민족을 이루겠다고 하셨는데? 번제물로 바치라고?' 따지지 않았다. 그저 말씀하신 대로 순종하였다.

완벽하게 납득되고 이해될 때 순종하는 것은
실은 엄격하게 말하면 순종이 아니다.
하나님의 명령을 결제하는 사람들이 많다.
하나님의 명령을 자신의 잣대로 평가하는 사람들이 많다.
하나님의 통치 스타일을 알아야 한다.
하나님은 사랑하는 자들에게
더 완벽한 순종의 조건과 이해를 통해서
순종을 도우시는 분이 아니라,
우리가 순종할 때 확신을 허락하시는 분이라는 사실을 잊지 말라!

아브라함은 잘 지내고 있는 정든 땅, 친척과 아비집을 떠나 가나안으로 가라는 명령을 받는다. 75세의 노구를 이끌고 그 먼 길을 가라하시며 아예 거기서 이주하여 살라는 것이다. 이렇듯 이해되지 않는 납득할 수 없는 명령에 아브라함은 갈바를 알지 못하였지만 그냥 떠났다고 성경은 기록하고 있다. 아브라함은 하나님의 통치 스타일을 가장 잘 이해하던 사람이었다.

> 믿음으로 아브라함은 부르심을 받았을 때에 순종하여 장래의 유업으로 받을 땅에 나아갈새 갈 바를 알지 못하고 나아갔으며
> — 히 11:8 —

완벽한 확신 속에 순종하고 움직이려 하지 말자!
먼저 움직여야 하나님께서 역사하신다.
확신이 들어야 움직이는 것이 아니라 움직여야 비로소 우리에게 확신을 주신다.
모세에게 소명을 주실 때의 모습을 보라!

여호와께서 이르시되 내가 애굽에 있는 내 백성의 고통을 분명히 보고 그들이 그들의 감독자로 말미암아 부르짖음을 듣고 그 근심을 알고
내가 내려가서 그들을 애굽인의 손에서 건져내고 그들을 그 땅에서 인도하여 아름답고 광대한 땅, 젖과 꿀이 흐르는 땅 곧 가

나안 족속, 헷 족속, 아모리 족속, 브리스 족속, 히위 족속, 여부스 족속의 지방에 데려가려 하노라
이제 가라 이스라엘 자손의 부르짖음이 내게 달하고 애굽 사람이 그들을 괴롭히는 학대도 내가 보았으니
이제 내가 너를 바로에게 보내어 너에게 내 백성 이스라엘 자손을 애굽에서 인도하여 내게 하리라
모세가 하나님께 아뢰되 내가 누구이기에 바로에게 가며 이스라엘 자손을 애굽에서 인도하여 내리이까
하나님이 이르시되 내가 반드시 너와 함께 있으리라 네가 그 백성을 애굽에서 인도하여 낸 후에 너희가 이 산에서 하나님을 섬기리니 이것이 내가 너를 보낸 증거니라 -출 3:7~12-

증거를 보여 주시며 떠나기를 독려하시는 분이 아니라 떠나야 증거를 볼 수 있는 것 이것이 신앙이다. 우리 이제 불신의 시대 속에 희망을 바라보며 불신의 시대를 극복하고 때로는 복잡한 계산과 따짐이 아닌 무모하고 불확실함 속에서 움직임으로 기적의 주인공이 되는 축복을 누리는 인생이 되기를 소망한다. 앤드류 머레이는 그의 책 〈순종〉에서 다음과 같이 권면한다.

축복만 구하는 기도를 경계하라!
순종에 집중하라.
그리하면 그것이 축복임을 알게 될 것이다.

우리의 선한 목자 되시는 주님의 보호하심과 인도하심의 손길은 우리가 움직이고 순종할 때 비로소 우리에게 펼치신다는 것을 기억하자!

오늘만 최선을 다하자

지금까지 북 이스라엘에게 조공을 바치던 모압이 아합왕이 죽자 반역을 꾀한다. 이스라엘의 오므리왕조는 급격히 쇠락했고 모압은 배반하였다. 이들은 강력한 서진정책을 세우고 북 이스라엘을 압박하였다. 이에 흥분한 아합의 아들 여호람왕은 남유다의 여호사밧왕과 에돔왕과 연합하여 모압을 치러 출정하게 되는 것이 오늘 성경 본문 말씀이다.

그런데 감정적으로, 분노로 아무런 하나님의 말씀도, 기도 없이 준비 없이 출정한 전쟁에서 7일 만에 위기를 맞게 된다. 군사들과 가축들이 먹을 물이 없어 죽을 수밖에 없는 절체절명의 순간을 맞이한다.

감정이 앞서면 위기가 닥친다. 감정대로 휘둘리면 인생은 태풍 속에 들어갈 수밖에 없다. 북이스라엘 남유다 에돔 연합군의 최종 목표는 바로 모압과의 전쟁에서 승리하는 것이었다. 그 전쟁 중에 지금 수

많은 군사들과 가축들이 먹을 물이 없는 위기를 당한 것이다. 그런데 그들은 지금 물이 없는 위기, 목마름의 위기를 극복하기 위하여 그것에만 집중한다. 거기에만 최선을 다하였다. 위기를 만났을 때 집중하는 것이 중요하다. 산만하게 여기저기 터지는 문제들을 다 막으려면 도리어 문제가 더 커진다. 집중의 원리가 필요하다.

미국의 고객 만족도 1위의 항공사가 있다. 바로 사우스웨스트 항공사이다. 지난 30여 년 동안 단 한 번의 사고도 없었다. 사우스웨스트사의 항공기는 단일기종이다. 여러 종류의 항공기, 여러 회사의 항공기를 보유하고 있지 않다. 하나에 집중하여 수리와 정비를 최대한 단순화했다. 공항도 가장 작은 공항을 선택하여 집중했다. 고객만족도는 1위였다. 1971년 단 3대로 출발한 사우스웨스트 항공사는 미국 1위의 항공사가 되었고, 가장 취직하고 싶은 기업 2위에 속할 정도로 직원의 충성도도 높다. 사우스웨스트는 기존 대형항공사와 경쟁하지 않았다. 작게 할 수 있는 것에 집중한 결과가 미국 최고의 항공사를 만들었다. 영적인 원리도 같다. 집중해야 한다.

이 사건의 결말은 정말 엘리사의 말대로 그들은 메마른 골짜기를 깊이 팠고, 건기에 바람도 비도 보지 못하였으나 어디서 흘러왔는지 그 골짜기가 물로 가득 차는 기적이 일어났다. 그런데 여기서 기적은 끝나지 않았다. 멀리서 경계를 서며 전쟁을 준비하던 모압군대가 아침에 보니 상대편 진영에 붉은 피가 흥건하게 흐르는 것이었다.

실제로는 그것은 하나님의 기적으로 골짜기 가득 차있는 물이 햇빛을 받아 붉게 보이는 것에 불과했다. 그러나 이것을 피로 오인한 모압은 연합군대가 서로 갈등을 일으켜 서로 죽이고 자멸한 것으로 판단하였다. 이들은 마음 놓고 적진으로 들어왔다가 매복해 있던 이스라엘 연합군에게 대패하고 만다. 인생도 마찬가지다. 우선 지금 목마름이 해결되어야 한다.

우선 오늘을 살아야, 내일의 전쟁도 할 수 있는 것이다.

여기서 오늘 우리들의 삶이 투영되지 않는가?
허겁지겁 우선순위도 모른 채
급급한 문제들에 파묻혀 침몰하는 삶을 살고 있지는 않는가?

우리가 반드시 이루고 이겨 내야 하는 삶의 목적들, 성공이라는 목표, 수많은 비전과 사명들이 어떤 때는 지금 당장 직면한 아픔과 위기들, 갈등과 문제들로 인하여 너무 묘연하고 아련하여 포기하고 싶을 때가 많다.

나에게 맡겨진 사명, 집중해야 할 유일할 것은 작은 교회와 다음 세대 살리기이다. 작은 교회와 다음세대에 부흥의 불을 일으키는 것이다. 너무나 크고 버거운 사명이라 솔직히 매일 매일 자신 없고, 두렵고, 포기하고 싶을 때가 한 두 번이 아니다. 한 주 한 주가 너무나 힘겹고 버거운 사역의 현장이다. 외롭고, 힘들고 지치고, 성도들과 가족들이 그립고, 희생하는 많은 협력자들 사역자들이 안쓰럽고 미안하고, 또 배도 고프고, 경제적으로도 버겁고 정말 그만두고 싶다고 기도하고 싶을 정도로 힘든 고비의 순간들이 끊임없이 찾아온다.

그런데 금식하며 기도하며 이겨내는 것이 지금껏 내가 개척해서 여기까지 오는 동안 사용했던 가장 좋은 방법이다.

"오늘만 최선을 다해 살자! 지금 닥친 문제만 몸을 던져 목숨 걸고 해결해 내자!"

그렇다. 오늘 하루를 집중하는 것이다. 10년 20년은 자신 없지만 이번 일주일은 할 수 있고, 오늘은 할 수 있다. 오늘 하루를 열심히 살고 이번 주만 생각하고 최선을 다해 설교를 준비한다. 시편 119편 105절에 "주의 말씀은 내 발에 등이요 내 길에 빛이니이다."란 말씀이 있다. 옛날에 등은 겨우 한걸음을 비출 수밖에 없는 성능의 등이다. 요즘 나오는 서치라이트가 아니다. 멀리 비추는 등이 아니었다. 오늘 하루, 오늘 한걸음, 말씀을 의지해서 나아간다. 주님이 가르쳐 주신 기도에도 "오늘 우리에게 일용할 양식을 주시옵고(마 6:11)"라고 기도하라고 말씀하신다. 하루치 분량이다. 한 달치, 일 년치를 예약해 기도하라고 말씀하지 않으셨다. 출애굽 당시 내렸던 만나도 하루치 음식이었다. 일용할 양식이었다.

> 그 때에 여호와께서 모세에게 이르시되 보라 내가 너희를 위하여 하늘에서 양식을 비같이 내리리니 백성이 나가서 일용할 것을 날마다 거둘 것이라 이같이 하여 그들이 내 율법을 준행하나 아니하나 내가 시험하리라. -출 16:4-

칼럼 송고, 부흥집회, 교단모임에 참석하고 방송국에서 설교하고 최선을 다해 한 주를 사니까 또 살아진다. 이러다보니 또 한달 가는 거고 이러다 보면 또 일 년 가고, 이렇게 하다 보니 10년이다. 영화〈아저씨〉에 원빈이 하는 대사에 이런 게 있다.

"너희들은 내일을 보고 살아가지? 나는 오늘만 보고 살아간다."

되돌아보니 목회 1/4을 이렇게 살았다. 오늘 하루하루에 충실하며 살았다. 그렇게 살다보니 성공적으로 해내고 있었다. 몇 년 뒤까지 생각하면 자신 없지만 올해는 할 수 있을 것 같았다. 몇 달 동안 쉴 새 없이 달리기만 할 것을 생각하니 자신 없지만 이번 달은 할 수 있었다. 한 주간의 사역은 버겁지만 오늘 하루는 최선을 다해 살 수 있었다. 그렇게 정말 몸부림쳐 하루를 살았고 그 최선을 다한 하루하루가 모여 1년이 되고 5년이 되고, 10년이 되고 성공적인 목회를 해나가게 되었다.

미국의 한 소녀는 하늘을 날고 싶었다. 그러나 그 꿈을 지원해주기엔 그녀의 가정형편은 너무 가난했다. 그렇지만 그녀는 포기하지 않았다. 근처 공항에 놀러가 비행기 이착륙 과정을 보며 꿈을 잊지 않으려 몸부림쳤고, 비행에 관한 책을 닥치는 대로 구해 읽고 탐독했다. 이 소녀는 16세부터 피자가게에서 아르바이트를 했고 꿈을 위해 한 푼도 허투루 쓰지 않고 3년 만에 1000불 정도를 모아 비행기 조종법을 배우러 갔다. 이제 꿈은 멀리 있는 꿈같은 일이 아니라 현실에 가까워졌다. 더욱 노력한 그녀는 대학에 들어가 우수한 성적으로 졸업했고, 공군 조종사 훈련학교로 직행한 미국 최초의 여성 파일럿이 되었다. 이후 자신의 상황과 현실에서 최선을 다한 결과 석사학위도 두 개나 받았다. 이 소녀는 훗날 '엄마 선장'이라고 불린 아일린 콜린스다. 콜린스는 1991년 우주 비행사로 선발된 이후 최초의 우주왕복선 여성 조종사, 최초의 여성 선장이 되었다.

그녀는 컬럼비아호 폭발 참사로 위기에 빠져있던 미국의 우주왕복선 계획을 정상 궤도로 되돌려 놓았다. 2년 만의 공백을 깨고 2005년 디스커버리호의 성공적 발사와 귀환을 총지휘한 엄마 선장이 되었다. 처음부터 우주왕복선의 선장이 되겠다고 하면 그 목표에 비해 너무나도 열악하고 초라한 나의 모습과 환경에 쉽게 절망해 버리거나 포기해버리기 쉬웠을 것이다.

그냥 오늘에 최선을 다하라!
내가 지금 할 수 있는 것에 목숨을 걸어라!

먼 미래의 꿈을 공수표 남발하듯 뱉어내며 무책임하고 무의미한 오늘을 살지 말고 지금 할 수 있는 것, 그것에 최선을 다하고 노력할 때 꿈같은 일은 현실이 돼 있을 것이다. 광주 만백성교회 표어를 보고 큰 도전을 받았다.

'만 명의 영혼은 한 영혼으로부터'

1000명의 예배자, 10000명의 공동체의 꿈은 오늘 내가 섬겨서 정착시킨 한 사람, 내가 심방하여 예배에 참석시킨 한 명의 장기 결석자에서 시작되어 현실이 되는 것이다. 만 명보다가 지치지 말고 한 사람을 전도하라! 그러면 역사는 시작되는 것이다.

위기에 맞선 사람들

베풂은 나의 유익으로 돌아온다!

오늘의 상처를 내일은 간증하라

2000억의 선행

멜빈 다마라는 청년이 있었다. 그날도 평소와 다름없이 트럭을 몰고 라스베가스로 향하고 있었다. 그날따라 네바다 주 사막은 몹시도 날이 뜨거웠다. 얼마쯤 달렸을까? 사막 한복판에 난 도로에 행색이 남루한 웬 늙은 노인이 손을 흔들며 태워주기를 간청했다. 그냥 지나쳐 갈 수도 있었겠지만, 그는 그를 안쓰럽게 여겨 노인을 차 옆자리에 태워 주었다.

"할아버지, 어디 가세요? 저는 라스베가스로 가는 길이에요."
"잘 됐네, 젊은이 나도 거기로 가는 길이라오."

그렇게 이 둘의 여행은 시작되었다. 오손도손 정겨운 이야기를 주고 받으며 마침내 라스베가스에 도착했다.

"젊은이, 고맙네."
"아니에요, 할아버지, 여기 25센트가 있어요. 차비에 보태 쓰세요."
"젊은이 이름이 뭔가?"
"멜빈 다마예요."
"명함 한 장만 주게."

아무 생각 없이 멜빈 다마는 명함 한 장을 이 노인에게 건넸다.

"나는 하워드 휴즈라고 하오, 이 고마움을 결코 잊지 않겠소."

그렇게 많은 시간이 흘렀다. 이 사건을 잊고 있던 멜빈 다마라는 청년은 중년의 신사가 되었다. 어느 날 그에게 한 변호사가 찾아왔다.

"멜빈 다마 씨입니까?"
"그렇습니다. 제가 멜빈 다마입니다."
"여기 하워드 휴즈의 유언장이 있습니다."
"네? 유언장이라고요?" "하워드 휴즈 씨께서 돌아가시면서 유언을 남기셨습니다. 자기 재산의 1/16을 당신에게 남기셨습니다."

유언장 뒷면에는 이렇게 기록되어 있었다.

"멜빈 다마는 내가 만났던 가장 자상하고 친절한 사람이었다."

하워드 휴즈의 재산은 모두 25억 달러에 달했다. 1/16에 해당하는 금액은 우리 돈으로 환산하면 2000억 원에 해당하는 금액이었다. 1달러의 1/4에 불과한 25센트가 2000억 원이 되어 그에게 되돌아 온 것이다.

그의 작은 선행은 6억 배가 되어 돌아온 것이다. 성경에 똑같은 기록이 나온다. 엘리사를 잘 섬기고 공궤했던 수넴 여인 이야기다. 그녀는 자신에게 찾아온 경제적 위기를 엘리사로 인하여 해결하는 축복을 누린다.

인생의 내리막길을 준비해야 한다. 어떤 인생도 평생 잘 나가기만 할 순 없다. 넘어지고 쓰러지며 좌절하고 때로는 절망적인 순간이 있다. 그러나 지금 나의 형통함과 풍요함을 지금 이순간의 즐거움과 자신만의 만족을 위해서만 사용하지 말고 선행을 저축해 놓아야 한다.

우리나라에 몇 안 되는 깨어 있는 지성 이어령 교수가 쓴 〈젊음의 탄생〉에 나오는 이야기다. 페니실린이 나오기까지의 많은 에피소드가 있었다. 스코틀랜드의 에어 록필드 지방에 플레밍이라는 가난한 농부가 살고 있었다. 어느 날 그가 밭에서 일을 하고 있는데, 갑자기 늪 가까이에서 사람 비명 소리가 들려 왔다. 달려가 보았더니 웬 소년 하나가 늪에 빠져 허우적대고 있었다. 그는 죽기 직전의 아이를 가까스로 살려냈는데, 다음 날 으리으리한 마차를 탄 귀족이 찾아왔다. 그는 농부가 구해준 아이가 자신의 아들이라고 소개하면서 목숨을 구해

준 데 대한 사례를 하겠다고 하였다. 농부가 끝까지 사양하자 그 귀족은 마침내 헛간에서 그 광경을 바라보고 있던 농부의 아이를 발견하고 한 가지 제안을 하게 된다. 농부의 아들을 그가 구해준 자기 아이와 똑같은 수준으로 교육시켜 주겠다는 것이었다. 그 귀족이 제안한 대로 스코틀랜드의 가난한 농부 플레밍의 아들은 당대 최고였던 런던대학교의 세인트 메리 병원 의과대학에서 교육을 받게 된다. 그리고 나중에는 페니실린을 발견해 귀족 작위까지 얻게 되었다. 그가 바로 알렉산더 플레밍 박사였다. 페니실린의 발명으로 수많은 사람들이 새 생명을 얻을 수 있게 되었다. 속수무책(束手無策) 죽음만 기다리던 상황에서 한줄기 빛이었다.

그런데 우연하게도 농부가 구해 준 귀족의 아들이 장성해서 폐렴에 걸렸다. 당시에 폐렴은 사망에 이르는 무서운 질병이었다. 그러나 플레밍이 발명한 페니실린으로 인해 치료를 받을 수 있다. 그 아들은 바로 영국을 구해낸 랜돌프 처칠 경이었으며, 늪에 빠졌던 아이는 제2차 세계대전 때 영국을 구해낸 재상 윈스턴 처칠 경이었다.

농부의 선행은 연쇄 도미노처럼 놀라운 역사로 이어졌다. 역사의 한 페이지를 장식하게 된 것이다.

선행 저축의 결과

첫 번째 대수술을 받고 겨우 사망의 음침한 골짜기를 지나 살아났을 때였다. 차를 타고 신호 대기 중 이었는데, 웬 정체불명의 차가 내차를 들이 받았다. 그 차를 운전한 사람은 휴가 나온 무면허에 음주운전의 군인이었다. 당시 상황은 100% 상대과실에 중대과실, 합의금은 부르는 게 값일 정도였다. 그때 벌벌 떨고 있는 청년의 부모님을 불러 안전하게 집으로 데려 가게 하고 아무런 배상도 요구하지 않았다. 딱 한 가지만 전했다.

"저는 다행히 괜찮습니다. 이 사건을 문제 삼지도 않겠습니다."
"고맙습니다. 감사합니다. 죄송합니다…."
"딱 한 가지 부탁만 들어주세요."
"네? 말씀하세요."
"예수 믿으세요."

그 뒤에 뒷조사는 해보지 않았지만, 분명 이 정도 했으면 예수님을 믿었을 것 같다. 당장 믿지 않았을지라도 그의 가슴속에는 예수님의 사랑과 자비하심을 충분히 느꼈을 것이다. 주님께 빚진 자의 마음으로 오늘 선행을 쌓고 저축하는 삶을 살아야 한다. 하나님께서는 후에 큰 축복으로 커다란 위기를 탈출할 소망의 빛으로 되돌려 주실 것이기 때문이다.

> 그 때에 히스기야가 병들어 죽게 되매 아모스의 아들 선지자 이사야가 그에게 나아와서 그에게 이르되 여호와의 말씀이 너는 집을 정리하라 네가 죽고 살지 못하리라 하셨나이다
> 히스기야가 낯을 벽으로 향하고 여호와께 기도하여 이르되 여호와여 구하오니 내가 진실과 전심으로 주 앞에 행하며 주께서 보시기에 선하게 행한 것을 기억하옵소서 하고 히스기야가 심히 통곡하더니 이사야가 성읍 가운데까지도 이르기 전에 여호와의 말씀이 그에게 임하여 이르시되 너는 돌아가서 내 백성의 주권자 히스기야에게 이르기를 왕의 조상 다윗의 하나님 여호와의 말씀이 내가 네 기도를 들었고 네 눈물을 보았노라 내가 너를 낫게 하리니 네가 삼일 만에 여호와의 성전에 올라가겠고 내가 네 날에 십오 년을 더할 것이며 내가 너와 이 성을 앗수르 왕의 손에서 구원하고 내가 나를 위하고 또 내 종 다윗을 위하므로 이 성을 보호하리라 하였다 하라 하셨더라 -왕하 20:1~6-

히스기야는 절망 중에 '여호와께 구하오니 내가 진실과 전심으로 주 앞에 행하며 주께서 보시기에 선하게 행한 것을 기억하옵소서'라고 기도하였다. 히스기야는 평소에 정말 선행을 많이 하며 살았다. 그는 그것을 통해 하나님께서 긍휼을 베푸시기를 기도했다. 마침내 하나님께서는 기도를 들으시고 그의 생명을 15년을 연장하셨다. 그가

평소에 선행을 쌓아놓지 않았다면 결과는 많이 달라졌을 것이다.

탈무드에 나그네를 대접한 여인의 이야기가 나온다. 마치 라합처럼 거처가 없는 한 나그네가 도움을 청했을 때 이 나그네를 극진히 대접한다. 선을 행한 것이다. 그런데 다음날 마을 사람들이 소문을 듣고 이 여인의 집에 달려온다. 마치 롯이 천사들을 영접한 뒤 쳐들어온 동네 사람들 같다.

"그 나그네가 어디 있느냐? 당장 내 놓아라!"
"없습니다. 이미 떠났습니다."
"왜, 그 나그네를 극진히 대접했느냐?"
"거처도 없고, 쉴 곳도 없고, 묵을 곳도 없어서 도와주었습니다."
"누가 그런 짓을 하라고 했느냐?"

이 마을 사람들은 이 여인을 끌어다가 돌로 쳐 죽였다. 악한 자가 상을 받는 사회가 있다. 그렇다, 악한 자가 더 높임을 받고, 더 칭찬과 존귀를 받는 사회가 있다. 우리 사회에서도 간혹 보게 된다. 그런데 그런 사회는 불의 하기는 하지만 아직 멸망하지는 않는다고 한다. 그러나 착한 사람이 처벌받고 착한 일한 사람을 죽이는 사회는 반드시 멸망한다는 것이 탈무드의 교훈이다. 선행은 아름다운 것이다. 선행은 사회를 지탱하는 도덕의 원천이며, 선행을 통해 하나님의 뜻이 이 땅 위에 이루어지는 것이다.

하나님께 나의 절망적 삶의 위기 속에 내보이며 청할만한 선하고 아름다운 기억이 있는가? 하루하루를 또 이렇게 흘려보낼 것인가? 마지막 마무리를 아름답게 하자! 지금 이 시간부터 최선을 다해 주신 것으로 선행을 베풀고 하나님의 영광을 위해 살아가는 축복된 삶을 살아가야 할 것이다.

너는 네 떡을 물 위에 던져라 여러 날 후에 도로 찾으리라
-전 11:1-

천국의 사냥개

몇 해 전 진주에서 저녁집회가 열렸는데 그날따라 밤 12시가 다 되어서야 마치게 되었다. 숙소에 돌아와서 잠깐 눈을 부쳤다. 새벽에 일어나서 신문사에 보낼 칼럼을 썼다. 그리고 곧바로 울산으로 달려왔다. 대통령선거 투표를 하기 위해서다. 이른 아침 투표를 마치고 1분도 채 집에 머무르지 못했다. 다시 진주로 달려가 오전 집회를 인도했다. 사실 피곤하고 물질적으로도 많은 비용을 지불했다. 휘발유 값, 식대, 톨게이트 용…. 그러나 그럼에도 불구하고 기꺼이 감수했다. 왜냐하면 대선의 가치, 지도자 선출의 중요성을 가장 크게 생각했

기 때문이다.

6.25 참전 용사들 중 UN군 묘역을 가보라, 양화진 선교사 묘역에 가보라, UN 군 장성의 아들들도 이 땅에 피 흘리고 죽어 묻혀 있다. 세계에서 손꼽히는 명문대 출신 선교사들도 잠자고 있다. 그들은 당시 아무런 경제적 이익도 주지 못하는 아시아 변방의 작은 나라를 위해 기꺼이 자신을 바쳤다. 왜일까? "자유의 가치" "민주주의의 가치" 또 "신앙의 가치"를 알기 때문이다. 목숨과도 기꺼이 바꿀 한 가치가 있음을, 그 중요성이 있음을 알기 때문이다.

우리가 주의 일에 헌신하지 못하고 주저하는 이유가 무엇일까? 상황과 처지가 좋지 못해서 일 수 도 있고, 정말 헌신할 물질이 없어서 일 수 도 있다. 하지만 과연 그럴까?

어느 날 한 사람이 밭 속을 파다가 덜그럭! 소리가 났다. "어? 뭔 소리지?" 계속 더 파 내려가자 커다란 상자가 보였다. "보물상자!" 뚜껑을 열자 금은보화가 가득 차 있었다. 현금다발이 100억이 함께 있었다. 그런데 그 밭은 내 밭이 아니다. 만약 그때에 밭 주인이 1억에 팔겠다고 하면 어떻게 하겠는가? 당신은 지금은 돈이 없고 상황이 좋지 않다고 생각하며 포기하고 돌아서겠는가? 그럴 바보는 물론 없을 것이다. 우리는 아마 온통 빚을 내서라도, 어떻게 해서라도 무슨 수를 내서라도 그 땅값을 치르고야 말 것이다. 성경에는 천국을 이와 같은 비유로 설명한다.

천국은 마치 밭에 감추인 보화와 같으니 사람이 이를 발견한

후 숨겨 두고 기뻐하며 돌아가서 자기의 소유를 다 팔아 그 밭을 사느니라 -마 13:44-

이렇게 볼 때 우리가 지금 헌신과 희생에 머뭇거리는 이유는 아직 우리가 그 가치를 확실히 알지 못하거나, 믿지 못함에 있다고 보는 것이 정직한 대답일 것이다.

하나님의 나라에 대한 가치, 하나님의 사업과 하나님의 집, 하나님의 종에 대한 나의 체감 가치는 얼마인가? 실제적 가치와는 다르게 나의 체감 가치는 형편없이 그 귀한 것들을 싸구려 취급하고 있지는 않은지 살펴봐야 할 것이다.

나의 인격을 가다듬고, 드리고 헌신하기 위해
더 좋은 상황과 처지를 기다리는 것보다
하나님 나라를 위한, 하나님 나라를 향한 사역의 가치를
정말 그 가치대로만 알고 믿는다면
강요하지 않아도 애원하지 않아도
우리는 스스로 자발적으로 즐겁게 헌신할 수 있을 것이다.

2012년 12월 쉼 없이 이어지는 집회 가운데 귀한 주님의 종들을 만나 감사와 감격의 눈물을 연속해서 흘렸다. 한 분은 광주 새순교회 윤정중 목사님이시고 한 분은 진주 초대교회 이경은 목사님 이다. 이 두 분은 전라도 광주와 경상도 진주라는 지역적 차이, 그리고 예장 합동

과 순복음이라는 교단의 차이, 또 남녀라는 성별의 차이에도 불구하고 정확하게 일치하는 공통점이 있었다. 그것은 바로 주님을 위해 죽기를 각오한 분들이라는 것이다.

이 두 분이 나 같은 부족한 자를 같은 류로 보아 주시며 여러 가지 조언과 사역의 협력을 제안하시며 서로 눈물을 흘리며 주님의 일과 비전을 한 없이 나누었다. 주를 위해 드릴 것이 목숨 밖에 없다고 이야기 하신다. 그리고 오늘도 순교의 순간을 위해 금식 기도하며 하루 하루를 순교의 자리를 향하여 걸어가신다고 말씀하셨다.

기독교 인구 0.3%, 98%이상이 모슬렘인 국가가 있다. 바로 터키이다. 지난 2007년 4월 18일 수요일 오전 10시 터키 중동부 말라티야에 있는 CCC 기독교출판사에 이슬람 과격단체인 타리캇 일원인 20대 전후의 청년들이 몰려들었다. 안에서 문서선교사역을 하고 있던 네자티, 틸만, 우르 세 사람을 총으로 위협하고 의자에 묶었다. 그리고 소리를 질렀다.

"오직 알라신만 믿으면 살려 주겠다. 너의 기독교 신앙을 버리면 살려 주겠다!"

네자티(36세)는 현지인 사역자였고, 틸만(46세)은 두 딸과 아내가 있는 독일 선교사였고, 우르(32세)는 모슬렘땅에서 신실하게 예수를 믿던 청년이었다. 한결같이 이들의 협박에 동조하는 이는 단 한 사람도 없었다. 그들은 손가락을 하나, 둘 잘랐고 칼로 찌르기 시작했다.

그러나 아무도 저항하거나 예수를 부인하지 않았다. 네자티는 99번, 틸만선교사는 156번, 우르는 셀 수 없을 만큼 많은 수를 칼에 찔렸다. 숨이 끊어진 뒤에도 계속해서 찔렸고, 지면에 옮길 수조차 없는 잔인하고 끔찍한 만행을 저질렀다. 이들은 순교의 피를 터키를 위해 흘렸다. 사건이 있은 후 틸만 선교사 부인인 수산나 선교사는 터키의 앙카라 TV에 출현하여 "저들을 용서합니다. 그들은 자신들이 하는 일을 알지 못함입니다." 선언했다. 네자티는 평소에 "나는 예수 그리스도를 위해, 우리민족 터키를 위해 기꺼이 죽을 준비가 되어 있습니다."라고 고백하던 사역자였다. 이 사건으로 인해 숨어서 예수를 믿던 그리스도인들이 일어났다. 네자티의 장례식을 공개적으로 치루는 것을 반대하며 압력을 넣던 이슬람 과격단체와 정부에 저항하여 "우리도 죽여라!"는 평화시위를 벌였다. 죽음을 불사한 신앙에 이슬람 과격단체와 정부는 당황했다. 공개적인 장례식을 허락했고, 터키에 숨어서 믿고 있던 많은 크리스천들이 수면위로 떠오르게 되었다. 이들은 더 이상 모슬렘의 협박에 두려워하지 않았다. 이후 터키의 선교가 순교자들이 흘린 피로 인해 새로운 전환점을 맞이하게 되었다.

그들은 왜 죽음을 두려워하지 않는가?

아니 정확하게 말하자며 그토록 두려운 죽음을 마다하지 아니하고 주를 위해 순교하려는가? 그것은 바로 그 가치를 제대로 알고 있기 때문이다. 천국의 가치, 영생의 가치, 영혼구원을 위한 선교와 전도의 가치를 정확하게 알고 있기에 그들은 순교라는 대가를 아까워하지 않는 것이다. 우리는 진정 귀한 것을 귀하게 여기며 가치 있는 것의 진정한 가치를 이해하고 있는가?

해마다 성탄절이 우리에게 다가오면 무슨 생각을 하는가? 하나님은 독생자 아들 예수님을 왜 이 땅에 보내시고 그 흉포한 십자가에 달리게 하셨는가? 바로 영혼의 가치를 아셨기 때문이다. 아니 우리 영혼의 가치를 그만큼 귀하게 여기셨기 때문이다. 가스펠 가사 중에 만약 인류가 단 하나, 나뿐이었다고 해도 예수님께서는 단 한 사람 나를 위해 십자가에 대신 죽으셨을 것이란 가사가 있다. 정말, 예수님은 단 한 사람의 인류가 존재할지라도 그랬을 것이다.

믿지 않는 자들에게는 십자가의 도가
미련하고 어리석은 계산법일 것이다.
그러나 하나님의 계산법은 다르다.
예수 그리스도의 보혈의 피라는
그 고귀한 대가를 치러도 아깝지 않을 만큼
한 영혼의 가치를 귀히 여기신다.
온 인류를 살리고 영혼을 구하는 일을
가장 가치 있는 것으로 보신다.

우리나라 정서에는 잘 맞지 않지만, 존 스토트는 하나님을 '천국의 사냥개'로 묘사한다. 사냥개는 어떠한가? 멧돼지를 사냥할 때 결코 물러남이 없다. 한번 발견한 사냥감은 포기하지 않는다. 심지어 체력적 한계에 달해도 끝까지 달려가 멧돼지의 목덜미를 문다. 심장이 터져도 근육이 다 파열되어도 달리기를 멈추지 않고 사냥을 완수한다. 우리의 머리로는 이해할 수 없다. 체력적 한계가 오면 멈추면 되는데, 포기하면 되는데, 멈추지 않고 이 사냥개는 달려간다는 것이다. 존 스토트는 하나님께서는 천국의 사냥개처럼 우리를 결코 포기하시는 일이 없다고 말한다. 십자가의 모진 고통, 물과 피를 다 쏟고, 멸시 천대 조롱, 가시면류관을 쓰시는 일을 당할 지라도 우리를 향한 구원의 열정을 결코 포기함이 없으시기 때문이다. 나를 포기하지 않으시고 천국의 사냥개처럼 나를 끝까지 살리시고야 마는 하나님의 사랑과 은혜의 가치, 고통의 잔을 마다하지 않으시며 모진 냉대와 모멸을 견디시면서도 우리를 위해 피 흘리신 십자가의 가치를 알아야 한다.

마음껏 찬양하고 기도하고 말씀의 은혜에
내 삶을 온전히 담글 수 있는 교회의 가치,
그리고 그 자유로움을 선물한 나라와 민족의 가치,
하나님의 뜻을 대언하고 전달해주며
나를 위해 오늘도 눈물로 기도하고 양육하기에 애쓰시는 목회자의 가치,
광야같이 모진 신앙의 길을 버팀목이 되어
함께하는 귀한 신앙의 동역자들의 가치 ….

수많은 소중한 가치가 내 주변에 있음에도 그 가치를 제대로 인지하지 못한 채 사는 경우가 얼마나 많은가! 혹, 그것들을 소홀히 여기며, 또 그것들을 지키고 사랑하는데 인색하고 헌신을 아까워하고 있지는 않는지 돌아보아야 할 것이다.

성탄절이 다가오면 흥청망청 기분만 들떠서 보낼 일이 아니다. 세상의 가치로만 바라보며 향락의 축제로만 보낼 것이 아니다. 우리를 위해 이 땅에 오신 예수님이 과연 무엇을 얻기 위한 대가 지불이었는지? 그 영혼 구원의 가치를 나는 잊고 지내고 있지는 않은지를 차분하게 묵상할 수 있는 그런 성탄절을 맞이하여야 한다.

맥도날드 체인점을 창업한 사람은 맥도날드가 아니다. 그는 1954년 은퇴를 앞둔 52세에 레이 크록(Ray Kroc)이었다. 그는 지난 30여년간 여러 직업을 전전하였고, 밀크셰이크 기계 등을 팔며 세일즈맨으로 일했었다. 어느 날 맥도날드 형제가 판매하고 있는 햄버거 가게에 깊은 영감을 받았다. 맥도날드 형제에게 패스트푸드 체인점 창업을 제안했다. 그는 보기 좋게 거절을 당한다. 그러나 무궁무진한 패스트푸드점의 미래와 가치를 내다 봤다.

'앞으로 사람들은 깨끗하고 빠르고, 편리하게 나오는 음식을 선호하게 될 것이다.'

그의 예상은 적중했다. 포기하지 않고 맥도날드 형제에게 맥도날드 체인점을 개설할 권리를 샀다. 그리고 지금은 맥도날드 박물관으로 사용하고 있는 시카고에 당시 제 1호점을 문을 열었다. 문전성시를 이루며 이른바 대박을 터뜨렸다. 미국인의 식습관을 송두리째 바꿔버린 역사적인 사건이었다. 1963년 햄버거 1억 개 판매를 달성했고, 50여 년 동안 맥도날드는 120여 개국에 진출하여 패스트푸드점의 아이콘이 되었다. 패스트푸드점의 가치를 안 레이 크록은 그의 삶과 물질, 지식, 지혜를 모두 투자했다. 그리고 결국 전 세계에 맥도날드 왕국을 이루어 냈다.

그리스도인이라면 참된 생명, 참된 진리에 모든 것을 걸 줄 아는 혜안이 있어야 한다. 가치를 알아볼 수 있는 영안이 열려야 한다. 그대는 지금, 어떤 가치를 바라보며 시간과 재물과, 노력을 하고 있는가?

희망의 단서가 되는 사람 (1)

5.16 군사혁명 당시 혁명주체자들의 명단에서 박정희가 빼놓은 유일한 인물이 있었다. 그는 박태준이었다. 군사혁명이 실패했을 때에 그를 살리기 위해 명단에서 뺐다. 그의 가족을 부탁하기 위해 빼놓은 인물이 바로 박태준이다. 박정희에게 박태준은 마지막 희망이었다. 그는 만년 적자이던 텅스텐을 수출하던 대한 중석을 맡겼다. 단 1

년 만에 적자에서 흑자로 전환시켰다. 중국기업인들이 우리나라에 와서 가장 부러워하고 가장 보고 싶어 하는 산업시설이 어딘가 하면 바로 포항제철이다. 세계 1위의 회사로 키운 이도 바로 박태준이었다. 포철 신화의 중심에는 박태준이 있다. 신뢰하고 믿을 수 있는 사람, 그는 희망의 사람이었다.

위기의 때마다, 희망의 단서가 되는 사람이 있다. 어느 시대나 꿈의 연결 고리가 되는 인물이 있다. 여호사밧이 바로 그런 인물이었다. 북이스라엘 여호람 왕을 보아서는 하나님은 진노하셔야 하고, 또 그 전쟁에서 그들을 패배하도록 내버려 두어야 하지만, 선한 왕 여호사밧으로 인하여 그들을 버릴 수 없었다.

> 엘리사가 이르되 내가 섬기는 만군의 여호와께서 살아계심을 두고 맹세하노니 내가 만일 유다의 왕 여호사밧의 얼굴을 봄이 아니면 그 앞에서 당신을 향하지도 아니하고 보지도 아니하였으리이다 (14절)

우리는 그런 축복의 통로를 꿈꾸고 기도해야 한다.
이것이 바로 진정한 그리스도인들의 축복의 모델이다.

아브라함은 "복의 근원이 되라!"는 축복의 선포를 받았다. 너를 통하여 온 민족이 복을 받을 것이라는 사실을 믿었다. 실제로 그는 조카 롯이 죄악으로 소돔땅에서 멸망하게 되었을 때, 하나님께서는 그로 인하여 롯을 살려 주셨다.

고난주간 오면 예수님의 죽으심과 고난을 기억하되 그저 막연한 슬픔과 감정적 우울함이 아닌 그 분으로 하여금 온 인류가 구원 받았음을 기억해야 한다. 그 분이야말로 하나님과 죄 많은 인류의 화목의 중계자가 되셔서 감히 우리를 하나님과 화목하게 하셨다.

> 곧 우리가 원수 되었을 때에 그의 아들의 죽으심으로 말미암아 하나님과 화목하게 되었은즉 화목하게 된 자로서는 더욱 그의 살아나심으로 말미암아 구원을 받을 것이니라 -롬 5:10-

또한 우리는 고난 주간을 통하여 우리가 스스로 예수님처럼 희망 없는 곳의 희망의 단서요, 끊어지고 단절된 관계를 회복시키는 화목의 도구가 되어야 한다. 이것이 바로 하나님께서 우리를 구원하신 이유요 목적인 것이다. 그리스도인들은 분열되는 데 앞장서서는 안 된다. 하나 되게 하고, 회복하게 하고, 기회를 주고 소망을 주는 곳에 서야 한다.

> 모든 것이 하나님께로서 났으며 그가 그리스도로 말미암아 우리를 자기와 화목하게 하시고 또 우리에게 화목하게 하는 직분을 주셨으니 -고후 5:18-

난 전국적으로 부흥회를 다닌다. 그 중 특히 기억나는 교회들이 있다. 문 닫을 위기에서 일어나 부흥한 교회와, 목회자의 영적 침체와 패배주의가 깨어지고 다시 건강하고 힘있게 목회사역을 펼쳐가고 더 나아가 물맷돌선교회 일원이 되어 내 사역을 오히려 돕게 된 교회들을 생각만 해도 가슴이 뭉클해진다. 사역 중 지치고 외로울 때 울산 온양순복음교회 성도들의 감격어린 문자와 격려, 감사의 문자와 전화를 받을 때면 눈물이 난다. 어리기만 했던 제자들이 청년이 되어 듬직하게 내 곁을 지켜주며 동역함을 보는 것이 나의 요즘 가장 큰 기쁨이다. 희망은 멀리 있지 않다. 믿음의 동역자들이 희망이다. 사도바울은 로마에 편지를 보내며 마지막 장에서 수많은 믿음의 동역자들과 인사를 나눈다. 로마서 16장은 칭찬과 격려의 장이다. 겐그리아 교회의 뵈뵈를 로마교회에 추천하면서 그녀를 교회의 일꾼이요, 그가 바울의 보호자로 섬겼다고 이야기 해준다. 성도들의 합당한 예절로 대하고, 필요한 모든 것을 다 지원하라고 부탁한다. 브리스가와 아굴라는 그리스도 예수 안에서 동역자임을 선언한다. 그들은 바울을 위해 목숨까지도 내놓은 신실한 일꾼임을 인정하고 있다.

"너희를 위하여 많이 수고한 마리아",
"사도들에게 존중히 여겨진" 안드로니고와 유니게,
"주 안에서 내 사랑하는 암블리아",
"그리스도 안에서 우리의 동역자인 우르바노와 나의 사랑하는 스다구",
"그리스도 안에서 인정함을 받은 아벨레",

"주안에서 수고한 드루배나와 드루보사",

"주안에서 많이 수고하고 사랑한 버시에게 문안하라"

바울은 수많은 격려와 칭찬으로 로마교회와 인사를 나눈다. "남자는 자기를 인정하는 사람을 위해 목숨을 버리고, 여자는 자기를 사랑하는 사람을 위해 목숨을 버린다"는 말이 있다. 바울의 동역자들, 일꾼들은 모두 사랑과 인정의 시너지로 뭉친 사람들이었다.

내 주변에 누가 있는가? 성령이 충만한 그리스도 안에 있는 희망의 사람들인가? 주일날 단풍놀이 가자고 하는 사람들인가? 고스톱 치자고 하는 사람들인가? 결정은 나의 몫이다!

희망의 단서가 되는 사람 (2)

희망의 단서가 되는 사람은 누구일까? 바로 말씀을 의지하고 말씀으로 살아가려 하는 사람들이다. 여호사밧은 항상 하나님의 뜻을 물었던 사람이요, 어떤 상황에서도 흔들림 없이 하나님의 사람의 말씀을 존중했던 사람이었다.

하나님께서는 늘 이런 사람들을 통하여 희망의 단서를 세상에 주시며
비전과 꿈의 연결고리가 되게 하시는 축복을 주신다.

여호사밧이 이르되 우리가 여호와께 물을 만한 여호와의 선지자가 여기 없느냐 하는지라 이스라엘 왕의 신하들 중의 한 사람이 대답하여 이르되 전에 엘리야의 손에 물을 붓던 사밧의 아들 엘리사가 여기 있나이다 하니
여호사밧이 이르되 여호와의 말씀이 그에게 있도다 하는지라 이에 이스라엘 왕과 여호사밧과 에돔 왕이 그에게로 내려가니라 —왕하 3:11~12-

셋째 해에 유다의 여호사밧 왕이 이스라엘의 왕에게 내려가매 이스라엘의 왕이 그의 신하들에게 이르되 길르앗 라못은 본래 우리의 것인 줄을 너희가 알지 못하느냐 우리가 어찌 아람의 왕의 손에서 도로 찾지 아니하고 잠잠히 있으리요 하고
여호사밧에게 이르되 당신은 나와 함께 길르앗 라못으로 가서 싸우시겠느냐 여호사밧이 이스라엘 왕에게 이르되 나는 당신과 같고 내 백성은 당신의 백성과 같고 내 말들도 당신의 말들과 같으니이다
여호사밧이 또 이스라엘의 왕에게 이르되 청하건대 먼저 여호와의 말씀이 어떠하신지 물어 보소서

이스라엘의 왕이 이에 선지자 사백 명쯤 모으고 그들에게 이르되 내가 길르앗 라못에 가서 싸우랴 말랴 그들이 이르되 올라가소서 주께서 그 성읍을 왕의 손에 넘기시리이다
- 왕상 22:2~6 -

이 시대의 희망이요 축복의 근원이 되고 싶은가?
교회와 우리 가정의 축복의 통로가 되길 원하는가?

그렇다면 목숨 걸고 하나님의 말씀을 존중하고, 내가 듣고 싶은 말씀이 아닌 하나님의 말씀을 듣는 훈련을 하라! 주님은 말씀을 통하여 모든 필요한 은혜와 축복을 단비처럼 폭포수처럼 흘려보내신다. 그 축복과 은혜의 통로를 가치 있게 여기고 대접하라! 하나님은 그런 자에게 반드시 찾아오시고, 그를 축복하실 뿐 아니라, 그를 통하여 가족과 자녀와 민족과 시대까지 살리시고 축복하여 주신다. 우리 함께 기도하자! 그런 축복의 통로요, 은혜의 징검다리 같은 인생이, 교회가 되게 해 달라고 간청하자!

위기탈출 넘버원들

엘리사의 사역은 평범하지 않았다. 평탄하지 않았다. 수많은 신앙의 위기와 갈등이 있었다. 인간관계의 위기도 있었으며, 여러 가지 물질적 삶의 위기들이 있었다. 우리네 삶과 너무도 닮았다. 지긋지긋할 정도로 매번 찾아왔다 물러가기를 반복하는 '우리들의 삶의 문제들을 어떻게 바라볼 것인가?' 이 근본적인 질문을 던져 보는 것도 의미 있을 것이다. 그래서 시리즈 말미에 우리의 삶에 찾아온 고난과 위기를 빨리 극복하고 탈출하려는 시도보다는 본질적으로 이 고난과 고통의 시간이 우리에게 주는 유익과 가치에 대해서 살펴보고자 한다. 더 나아가서는 하나님의 목적을 찾아보고자 한다.

개척했을 때 20-30명이 모이는 게 꿈이었다. 아직 태어나지 않은 애들까지 합치고, 나오지 않는 집사님 남편이름까지 다 박박 긁어 모야 20-30명을 만들던 시절이 있었다. 불과 몇 년 전 이야기다. 하지만 어느 순간 그 고난의 시간을 지나자 이것은 간증거리가 되었다. 지금도 돌아다니며 간증한다.

"저도 전에는 경상도 시골마을이 안된다고 믿었습니다."
"개척교회는 안된다고 생각했습니다. 어렵다고 생각했습니다."
"순복음교회는 더 더욱 울산 시골교회에서 안된다고 여겼어요."

그러나 모든 고난과 어려움을 다 뚫고 나왔다. 하나님의 말씀을 의지해서 안된다가, 된다로 바뀌었다.

다시 한 번 말하지만 엘리사의 사역은 온통 문제투성이요, 위기의 반복이었다. 그런데 엘리사의 고난의 숫자가 바로 기적의 숫자와 일치된다는 사실에 주목하자! 엘리사의 위기의 수만큼이 바로 그의 간증의 수가 추가된 것이다. 고통은 영광을 잉태한다. 고난이 있어야 극적인 탈출도 있다는 너무나도 당연한 진리를 잊고 살진 않는가?

몇 년 전까지만 해도 나의 불평의 조건이 있었다. 목회를 하기 힘든 상황들이 지금의 간증거리가 되었다. 오히려 요즘은 더욱 짜내려고 노력하고 있다. 이걸 가지고 교회들을 살리고 부흥 시키는 간증거리가 되었다. 하나님 영광 돌리는 도구가 되었다. 성경 안에서 지금까지도 많은 이들에게 회자되면서 교훈이 되고 부러움을 사는 축복의 주인공들, 믿음의 대 선배들은 과연 어떤 사람들이었는가?

바로 고난과 아픔, 위기와 시련들이 많은 자들이었다.

그 고난과 아픔이 많을수록 성경지면에 그들의 인생이 더욱 많이 기록되고 차지하는

영광의 호사를 누렸다. 대표적인 인물들을 살펴보자.

아브라함

노쇠한 나이 75세에 하나님의 부르심에 순종하여 이민 길에 올랐다.

가자마자 엄청난 기근을 만나고,

인간적 두려움에 아내를 애굽의 왕에게 범하게 할 뻔 했으며

조카 롯과 갈등을 빚기도 하여 이별하고 갈라선다.

이방인들의 습격으로 피붙이 롯이 끌려가자 목숨 걸고 출동해 구했다.

무엇보다도 가장 큰 아픔과 삶의 위기는 자녀가 없었다는 것이다.

하나님의 뜻을 기다리지 못하고 거슬러 첩에게서 아들을 얻었지만 이것이 화근이 되어 아내를 죽을 정도로 슬프게 만들었고,

하나님이 주신 아들 이삭이 100세에 태어났을 때 그 금이야 옥 같은 아들을 괴롭히고 아프게 하는 가정불화를 경험했다.

조카 롯이 하나님이 진노로 소돔땅과 더불어 죽게 되었을 때 그의 간절한 기도로 겨우 살려낸다.

목숨보다 더 귀한 아들 이삭을 바치라는 신앙적 위기도 만나게 되고

이방인들이 질투와 시기로 우물을 빼앗기고 갈등을 겪게도 된다.

정말 수많은 아픔과 고난과 삶의 위기들을 만났고 그것을 이겨 낼 때마다 하나님의 살아계심은 드러나고 또 하나님께 영광을 돌릴 수 있었다.

그러는 동안에 그는 어느새 믿음의 조상이 되었다!

요셉

요셉은 정말 불행한 가정사를 가지고 태어났다.

아버지의 사랑을 받았지만 자식을 낳지 못한 채 슬픔에 잠겨 살았던 어머니 라헬에게 기적같은 축복으로 요셉이 태어났지만, 네 명의 어미와 열두 아들의 갈등은 심각했다.

눈치 없는 아버지 야곱은 편애함으로 네 명의 여인들과 열두 명의 아들들은 훗날 중동전쟁을 일으키도록 일조했다.

정말 콩가루 집안에서 엄청난 아픔을 가진 채 태어나 자란 불우한 사람이었다.

눈치 없는 아버지는 진정 사랑하는 아내 라헬에게 얻은 첫 번째 아들 요셉을 제일 사랑해서

항상 색동옷을 입히고 그를 편애함으로 형제 사랑에 불을 질렀다. 형들은 나이스, 파마, 아디도스 등 짝퉁을 입을 때 나이키, 푸마, 아디다스 입고 자란 축복(?)의 사람이었다.

이것이 바로 요셉의 꽃피는 봄 같은 짧은 인생의 행복한 시간이었다.

엄마는 동생 베냐민을 낳다가 죽었고,

형들의 시기와 질투로 그 채색 옷은 찢겨지고 죽임을 당할 뻔하였으나 극적으로 살아나

애굽의 노예로 팔려간다. 두 발 달린 짐승이 된 것이다.

팔려간 보디발의 집에서 충성을 다하고 열심히 일했지만 여우같은 보디발의 아내의 유혹을 거절한 죄로 그는 오히려 주인마님을 겁탈하려한 죄인으로 누명을 쓰고 감옥에 평생을 갇히게 된다. 얼마나 비참하고 쓰라린 삶인가!

그러나 17살부터 시작된 이 고난은 30살에 끝이 나고 그는 우여곡절 끝에 영화처럼 드라마처럼 애굽의 총리가 되어 자신을 죽이려한 형제들 가족들을 살리는 구원의 통로가 되었고

보디발을 비롯한 애굽인들을 살리는 생명의 리더가 되었다.

고난과 위기의 반복 속에 그는 어느새 하나님의 구속의 역사의 한 획을 차지하고 이스라엘 백성들을 살리는 역사적 주인공이 된 것이다! 그렇다. 우리의 고난은 바로 기적 같은 축복의 서막이요, 시작인 것이다. 오죽하면 '고난은 위장된 축복이다'라는 말이 생겼겠는가?

축복과 기적은 우리에게 찾아올 때 누구나 알아볼 수 있도록 '나 축복이다'라고 외치며 오지 않고 고난이라는 가면을 쓰고 우리에게 찾아온다는 말이다. 그래서 많은 사람들이 그 축복을 그냥 지나쳐 간다. 내게 찾아온 축복을 알아보지 못하고 잡지 못한다는 것이다.

고난을 두려워 할 것이 아니라 고난을 이기지 못하고 주저앉을까 두려워해야 하며 내가 절망하여 포기할까 두려워해야 하는 것이다.

나는 선언한다.

고난은 축복이라는 집으로 들어가는 현관문이다!

축복을 눈앞에 두고도 문 앞에서 발길을 돌리지 말고 반드시 그 문을 통과해서 누리는 자가 되시길 주님의 이름으로 소망한다.
고난은 나를 더욱 강하게 하며 내 신앙과 믿음을 더욱 견고하게 만드는 기회가 된다.

내가 가는 길을 그가 아시나니 그가 나를 단련하신 후에는 내가 정금같이 나아오리라 -욥 23:10-

다만 이뿐 아니라 우리가 환난 중에도 즐거워하나니 이는 환난은 인내를,
인내는 연단을, 연단은 소망을 이루는 줄 앎이로다 -롬 5:3~4-

위기탈출 후
생각해 볼 일들

전도는 희생이다.
전도도 마치 이와 같다.
한 생명을 출산하기 위해 자신의 모든 것을 포기하는 것이다.

축복의 종착역은 나눔역

나그네쥐는 수백 마리 이상 씩 떼를 지어 이동한다. 어떤 때는 몇 일간 잠도 자지 않고 앞으로 진군하기로 유명하다. 그런데 어쩐 일인지 그들이 땅 끝 바다에 도달하면 멈추지 않고 바다로 다 뛰어들어 죽는 경우가 있다. 아직도 과학자들은 명확한 이유를 찾지 못하고 있다. 왜 그럴까? 그러나 이것이 비단 나그네쥐만의 이야기일까? 바로 우리들의 인생의 모습은 아닐까?

무조건 축복을 향해,
성공을 위해 미친 듯이 달린다.
하지만 그 축복의 목적이 무엇인지 알고나 있는가?
그 성공의 끝이 어디인지 알고 달리고 있는가?

무조건 달리고 질주하는 데만 익숙해져 있는
우리들의 삶은 아닌지 되돌아 볼 필요가 있다.

석유왕 록펠러(John Davison Rockefeller,1839~1937)는 어머니로부터 10가지 유산을 물려받았다. 그리고 그것은 그의 삶의 원동력이었고, 세계 최고의 부자가 되는 큰 밑거름이었다.

1. 하나님을 친아버지 이상으로 섬겨라.
2. 목사님을 하나님 다음으로 섬겨라.
3. 주일에는 본 교회에서 예배를 드려라.
4. 오른쪽 주머니에는 항상 십일조 주머니로 해라.
5. 아무도 원수를 만들지 마라.
6. 아침에 목표를 세우고 기도하라.
7. 잠자리에 들기 전에 하루를 반성하고 기도하라.
8. 아침에는 반드시 하나님의 말씀을 읽어라.
9. 남을 도울 수 있다면 힘껏 도우라.
10. 예배 시간에 항상 앞에 앉아라.

록펠러는 혼자 부를 누리지 않았다. 미국 명문대중 하나인 시카고 대학을 세웠다. 100여년의 역사동안 50명이 넘는 노벨상 수상자를 배출하였다. 그는 생전에 12개의 종합대학과 4928개나 되는 교회를 세웠다. 그것도 혼자의 힘으로 말이다. 그는 일평생을 나눔의 삶을 실천하며 살았다. 록펠러 재단을 세워 학문과 사회복지에 그의 남은 생애를 쏟아 부었다. 그는 자신의 꿈을 이룰 수 있는 사람을 적극적으로 찾아 나섰고, 심지어 그를 적대시 하는 사람들까지 찾아가 일을 맡겼다. 상대가 누구든 그 일을 이룰 수 있는 적임자라고 생각되면 모든 일을 다 맡겼다. 그렇게 섬김과 나눔의 삶을 실천하다가 1937년 5월 23일 세상을 떠났다.

오늘 성경 본문에서 기적의 주인공이 된 네 명의 나병환자의 위대함을 보라. 그들은 이제껏 배고픔과 죽음의 공포에서 해방되어 정말 꿈같은 시간을 보내며 즐거워하고 있다. 실컷 배불리 먹으며 기쁨을 만끽했다. 온갖 보화도 굴러 다녔다. 그것을 취하여 숨기는데 정신없는 상황이었다. 하지만 그들은 문득 성 안에서 죽어가는 동포들을 생각했다.

> 나병환자들이 그 친구에게 서로 말하되 우리가 이렇게 해서는
> 아니 되겠도다 오늘은 아름다운 소식이 있는 날이거늘 우리가
> 침묵하고 있도다 만일 밝은 아침까지 기다리면 벌이 우리에게
> 미칠지니 이제 떠나 왕궁에 가서 알리자 하고 -왕하 7:9-

이들이 이 귀한 축복을 혼자서 누렸다면 어떻게 되었을까? 밝은 날 아침 정찰병이 알게 되어 왕에게 알렸다면 그들은 큰 처벌을 받아 죽었을 것이다. 가만히 있었다면 성안에 백성들은 모두 아사(餓死)하고 말았을 것이다.

우리들은 과연 축복을 잘 누리고 있는가?

축복의 완성은 나눔이다.

기적의 끝은 나눔이다.

진정한 축복은 더 많은 사람들에게 나누는 것임을 기억하기를 바란다. 나눌 때에 나의 축복은 비로소 완성되며, 또한 더 큰 축복과 기적이 시작됨을 알아야 한다.

해마다 설 명절이 돌아온다. 우린 경험적으로 잘 알고 있다. 얼마 전에 새해가 시작된 것 같은데 벌써 한 달이 지나간다. 한 달이 순식간에 화살처럼 지나갔다. 이 축복을 주변에 나누는 귀한 명절 된다면 얼마나 뜻 깊은 일이 아닐 수 없다. 더욱 가슴시리고 고독한 이웃들이 많을 것이기에 이 말씀을 듣고 명절 즐겁게 보내시되 그 기쁨과 행복이 여러분의 가정의 울타리에만 갇혀있지 마시고 울타리를 뛰어넘어 많은 이들에게 주신 복이 흘러가는 그런 진정한 축복의 통로가 되는 성도가 되기를 축원한다.

의사들은 어떤 질병에 대한 획기적인 치료방법을 발견하면 학술지나 세미나를 통해 발표한다. 돈을 받고 방법을 가르쳐주는 그런 일은 하지 않는다. 자신이 어렵게 발견하고 힘들게 개발한 치료방법을 모두 남김없이 나눈다. 구체적인 치료방법과 데이터를 공개한다. 치료의 한계점에 서있던 다른 의사들도 이들의 도움을 받아 치료에 전념할 수 있게 된다. 돈 보다는 환자를 먼저 치료하겠다는 본질에 따른 선행이다. 의사들은 치료의 나눔을 먼저 실천하는 것이다.

아브라함은 축복의 아이콘이다. 하나님께서 주시는 축복의 종착역은 나눔역이다. 요셉을 보라, 에스더를 보라! 그들은 받은 축복을 민족을 구원하는데, 민족을 풍족하게 하는데, 민족을 축복받는데 나누었다. 아브라함은 축복을 나누었다. 겸손히 섬기었다.

나눔에는 두 가지 영적인 법칙이 있다.

1) 나눔은 희생을 각오하는 것이다.
2) 나눔은 뒤로 미루어서는 안 된다.

손해 보지 않고 나눌 수 없다. 희생은 나눔의 필수 옵션이다. 그리고 한 가지가 더 있다. 지금 당장 실천해야 한다! 나중에 한다 하지 말라, 지금 해야 한다. 송강 정철은 다음과 같은 시조를 남겼다.

어버이 살아 계신 제 섬기기를 다 하여라
지나간 후면 애닯다 어이 하리
평생에 고쳐 못할 일 이뿐인가 하노라

부모님은 우리를 기다려 주지 않는다. 효도하겠다고 나중에 하지 나중에 하다보면 금방 부모님은 세상을 떠나시고 만다. 내가 잘 아는 목사님은 장인어른과 장모님, 어머니 전화요금을 내주신다고 한다. 크다면 크고 작다면 작은 돈이다. 그 목사님은 내가 전화를 걸었을 때 받아주시는 부모님이 계시다는 것만으로도 큰 감사라고 말한다. 부모님이 아들, 사위의 목소리를 듣고 싶으실 때 전화를 마음껏 거실 수 있다는 것만으로 얼마나 감사한 일인가!

　우리의 도움의 손길이 필요로 하는 사람들도 기다려 주지 않는다. 바로 지금 먹지 못하면 굶게 되고, 오늘 입지 못하면 헐벗게 된다. 오늘 보일러를 고치지 않으면 추위에 떨며 한밤을 꼬박 새야 한다. 내일 할일이 있고 지금할 일이 있다. 개그맨 박명수는 "늦었다고 생각할 때가 가장 늦은 거야 이 바보야!"란 명언 아닌 명언을 남겼다. 늦기 전에 해야 한다. 후회하기 전에 해야 한다. 지금 못하면 나중에도 못한다. "불우이웃돕기를 돈 많이 벌어서 해야지!" 하는 사람은 평생 도울 기회가 없다. 하지만 지금 당장 불우이웃돕기 성금 ARS를 돌리는 사람은 비록 작은 액수지만 지금부터 할 수 있게 된다. 처음부터 거창하고 대단한 일을 해야 된다고 생각하는 사람은 평생 도울 꿈만 꾸다가 생을 마감하게 된다. 하지만 지극히 작은 일부터 나누고 섬기기를 시작한다면 이 사람은 더욱 큰일도 감당할 수 있게 될 것이다. 희생을 각오하고, 뒤로 미루지 말고 당장 실천하는 이 두 가지 법칙을 실행하는 삶이 되기를 간절히 축원한다.

나누어야 할 기적 – 구원

우리가 누리는 가장 큰 기적은 무엇인가? 바로 구원의 축복이다. 이것은 정말 기적이다. 이 기적을 우리는 나누고 있는가? 이 기적을 나누는 것을 두자로 '전도'라고 한다. 우리의 이 기적과 같은 영혼의 축복의 목적은 바로 나눔에 있다는 것을 명심하라! 나눌 때 비로소 우리의 구원의 목적이 성취되는 것이다.

구원의 이유가 있는가?
우리가 잘나서?
착해서?
구원받기에 합당해서?
가만 생각해 보라
나 같은 죄인이 구원받을 만한 이유는
아무리 찾아봐도 없다.
그렇다.
우리에게 하나님께서는 오직 은혜로 구원을 주셨다.

하지만 구원의 목적은 분명히 있음을 알아야 한다. 하나님께서는 우리를 통해 구원할 가족과 깨워야 할 시대와 세워나가야 할 교회와 말씀이 있다는 것! 이것이 바로 구원의 목적이다. 당신은 구원의 목적을 이루고 있는가?

　아이를 임신하는 산모는 죽음을 각오하는 일이다. 아기가 생기면 산모는 급격하게 면역력이 떨어진다. 새롭게 착상한 태아를 인체가 이물질로 여겨 공격하는 것을 예방하기 위해 면역력을 현저히 떨어뜨린다. 산모는 감기가 걸려도 잘 낫지 않는다. 아기에게는 좋은 일이지만, 산모에게는 매우 위험한 일이 아닐 수 없다. 세균과 각종 질병에 대해 무방비 상태에 놓이기 때문이다. 게다가 병에 걸리게 되면 처방할 수 있는 약은 상대적으로 거의 없기 때문에 산모는 목숨을 걸고 아이를 출산할 때 까지 그냥 묵묵히 참게 되는 것이다.

　경기중앙침례교회 안도엽 목사님은 전도하기 위해 14번 넘게 찾아간 할아버지가 있었다. 그 할아버지가 어린 시절 교회에 갔다가 간식으로 복숭아를 받았다. 그런데 홀어머니에게 큰 복숭아를 드리기 위해 바꿔달라고 했다가 교회에서 쫓겨난 뒤로는 다시는 교회에 안가겠다고 결심하셨단다. 그러한 세월이 무려 70여 년 동안 흐른 뒤에 만난 할아버지였다. 처음 찾아갔을 때 할아버지가 던진 목침에 이마가 맞아 피를 철철 흘리며 되돌아와야 했다. 지금도 그 영광의 상처는 이마에 그대로 남아 있다. 그러나 계속해서 찾아갔다. 주님의 품에 돌아오실 때까지 멈추지 않았다. 세상에 태어나 처음 듣는 욕설을 바가지로 먹고, 소금을 끼얹고, 구정물을 뒤집어쓰며, 전도했다. 결국 할아버지는 마음을 여셨고 예수님을 영접했다. 한두 번 해서 포기했다면 어떠했을까? 아마 할아버지는 결코 예수님을 영접하지 못했을 것이다.

전도는 희생이다.

전도도 마치 출산과 같다.

한 생명을 탄생시키기 위해 자신의 모든 것을 포기하는 것이다.

어쩌면 생명까지도 포기해 가며 드리는 것이다.

하나님께서는 이러한 성도를 기뻐하신다.

하늘의 별과 같이 빛나게 하신다고 약속하신다.

왜 열매 맺는 과정인 전도에는 희생을 각오하지 않는가?

우리 교회는 휴가철 명절의 분주함에도 전도를 이어간다. 비가오고 폭염에도 전도한다.

전도의 효율성만을 따진다면 제로에 가까운 의미 없는 일일 수도 있다. 하지만 하늘에 계신 하나님께서는 이런 분주함과 열악함 중에도 전도하며, 한생명이라도 더 구하려고 발버둥치는 우리의 모습을 보시며 기뻐하신다. 전도는 희생이다. 대가를 지불해야 열매를 얻을 수 있다.

또한 전도는 가장 시급하고 중대한 일의 우선순위이다. 하나님의 피맺힌 소원이며 하나님의 가슴앓이, 이것보다 중요하고 중대한 일은 없다. 전도할 만한 최적의 시간은 절대로 오지 않는다. 지금이 바로 지금이 바로… 전도의 최적의 시간이다. 해마다 부활절이 돌아온다. 기회를 놓치면 안 된다. 다시 한 번 기적을 향하여 전도에 매진해야 한다.

우리의 축복과 부흥을 통해 많은 교회들이 살아나고 침체를 이기고 있음이 얼마나 감격인가! 이것이 바로 우리의 교회의 장점이다. 우리 교회의 부흥을 우리끼리 나누지 않았다. 비록 나병환자처럼 아무도 거들떠 보지 않던 서러운 삶의 작은 시골교회였지만 우리에게 퍼부어주신 기적 같은 하나님의 은혜와 축복을, 말씀의 능력과 은혜를 우리끼리만 누리지 아니하고 전국에 나누고 세계에 나누는 이 모습을 하나님은 기뻐하신다.

하루도 안 빠지고 새벽재단에서 부족한 이 종과 울산 온양순복음교회를 위해 기도하는 나의 절친 중 한명인 최명훈 목사님이 있다. 그분에게 매일 하루도 안 빠지고 문자가 오는 곳이 있다고 한다. 문자 내용은 다음 같은 내용이다. '올래마트 양배추무얼갈이 980 수박 8500 바나나 2500 옥수수 9개 2980 자반 1800 국산콩나물 1000 특란 3980' 스팸으로 처리하지 않고 그냥 매일 문자를 받아 본다고 한다.

"왜 그러세요? 필요도 없는 문자 아니에요?"

"아니에요, 목사님. 일개 마트에서도 자신들의 물건을 팔기 위해 하루도 안 빠지고 이렇게 열심히 문자를 보내요."

"그렇죠, 당연히 물건을 팔기 위해 보내겠죠."

"전, 그 열정을 보는 거예요. 그 열심, 하물며 마트에서도 매일 하루도 빠지지 않고 문자를 보내 물건을 파는데, 우리가 교회 부흥을 위해, 전도를 위해, 섬김을 위해 열심을 내야 하지 않겠어요? 매일 광고 문자만 봐도 도전을 받습니다."

"그렇군요!"

우리 교회는 분명히 더욱 부흥할 것이다. 시간의 문제이지 그것은 분명한 일이다. 하지만 이 시간에도 성읍의 백성들처럼 촌각을 다투며 절망의 끝자락에서 혹은 침체의 늪에서 허덕이는 교회들이 있다. 그들을 건지고 살리며 나누는데도 인색하지 않는 진정한 축복과 부흥의 공동체가 되길 소망하고 기도한다. 사실 작은 교회에서 연락이 오면 더 기를 쓰고 간다. 홈피에 몇 명 되지도 않는 사람들이 모인 자그마한 교회에서 집회할 때 사진을 올린다. 나는 이때가 너무도 기쁘다. 처음에는 좌절과 침체, 사망의 음침한 골짜기를 헤매는 눈빛이 가득한 분위기의 교회가, 말씀증거를 통해 희망과 열정, 생명의 향기 나는 시냇가 심은 나무처럼 밝게 변화되는 것을 직접 눈으로 목도하기 때문이다.

"목사님, 이제야 잃어버린 꿈을 찾았습니다!"
"이제부터 원망하고 불평하지 않고, 전도하겠습니다!"
"우리 교회도 정말 부흥할 수 있다는 확신이 생겼습니다!"
"지금까지는 모두 절망적인 상황들만 보였는데, 이제야 길이 보입니다!"

초롱초롱 빛나는 눈빛, 열정이 되살아나고 생명이 되살아난 그 모습에 도리어 내가 큰 도전과 은혜를 받는다. 그렇다. 마음이 있으면 길이 보이고, 마음이 없으면 핑계만 보인다!
어느 날 우리 교회 장로님 권사님이 스마트폰을 구입했다. 그 연세에 대단하시다 싶었다. 내가 SNS 카카오스토리 신청을 했다. 이틀 만에 겨우 겨우 육성으로 돌아온 대답이 걸작이었다.

"목사님께 뭐가 왔는데 할 줄 모릅니다."
"전화하는 것밖에는 못 만집니다……."

모르면 결코 누릴 수 없다. 스마트폰을 가지고도 사용하는 기능은 전화 걸고 받는 것이 전부라면 큰 문제가 아닌가? 하나님께서 주신 기적과 같은 축복의 목적은 하나다. 더 나누기 위함이다. 더 많은 사람들을 기적의 주인공으로 만들기 위해 나누라고 명령하신다. 기적의 수혜자로 이끄시기 위함을 결코 잊지 말아야 한다.

생명을 나누는 것보다 더 소중한 일이 어디 있겠는가?
전도는 생명을 나누는 일이다.

하나님께서는 마지막 때에 축복의 통로, 부흥의 통로로 울산 온양 순복음교회를 택하셨다. 또한 바로 당신의 교회를 선택하셨다. 절망 속에 처했던 교회들, 어느 정도 부흥했으나 성장이 멈추고 정체된 중대형교회들에게 다시금 희망의 불씨가 되어, 소망의 불꽃이 되어 불붙이는 교회로 세워주셨다. 이 막중한 축복의 사명을 끊임없이 감당할 것이다. 닳아 없어질지언정, 녹슬어 없어지는 불명예는 사양하며 나아갈 것이다.

소년이여! 말씀을 가져라

주 여호와의 말씀이니라 보라 날이 이를지라 내가 기근을 땅에 보내리니 양식이 없어 주림이 아니며 물이 없어 갈함이 아니요 여호와의 말씀을 듣지 못한 기갈이라 -암 8:11-

UN에서 우리나라를 물 부족국가로 지정했다.
"어? 물 부족국가라고? 풍족히 쓰는데?"
물이란 게 세수하고 마실 물만 있으면 되는 줄 아는데 그렇지 않다. 공장에서 물건을 만들 때도, 농사를 지을 때도 물이 필요하다. 발전소에서 발전기를 돌릴 때도 물이 필요하다. 이런 저런 물이 필요한데 우리나라도 이제 물이 부족한 시대를 맞이했다는 소리다.
'홍수에 마실 물이 없다'는 말이 있다. 사방에 물이 넘치지만 정작 깨끗하게 씻을 수 있는 물과 시원하게 마실 물이 없는 때가 바로 홍수 때이다. 우리는 지금 말씀의 홍수 속에 있지만 정작 능력은 잃어버린 채 살아가도 있다. 원래 홍수가 나고 물난리가 났을 때 가장 부족하고 절실한 것이 깨끗한 마실 물이다. 당신은 말씀의 가치를 제대로 알고 지켜나가고 있는가?
사람이 목이 마르다 보면 더러운 물도 마시게 된다. 절대로 먹어서는 안 되는 독극물일 찌라도 마시게 된다. 각종 명상, 참선, 마음을 단련한답시고 우리를 유혹한다. 정신이 맑아지고 쉼을 얻게 되며, 스트

레스로부터 벗어나게 된다고 이야기한다. 그러나 가만히 살펴보면 스스로 신이 되는 뉴에이지나 그에 범접한 내용들이다. 산 좋고 물 좋고 공기 좋은 조용한 곳에서 명상을 하면 속세에서 벗어나 참된 쉼과 안식을 얻는다고 광고를 한다. 말씀에 목마른 사람들이 벌컥 들이마셔 버리고 만다. 그러나 참된 진리의 말씀을 마셔야 한다. 그래야 우리의 영혼이 산다.

"Boys, Be ambitious!"란 유명한 말이 있다. "젊은이들이여 야망을 가져라!"란 이 말은 19세기 유명한 식물학자였던 미국의 클라크 박사가 한 말이다. 1876년 7월 매사추세츠 주립농과대학 학장의 자리를 버리고 일본의 삿포로 농림학교 초대교장에 취임하였다. 일본에 도착했을 때 큰 가방을 들고 있었는데, 일본 농림학교 관계자가 물었다.

"이게 큰 가방은 뭔가요?"
"아, 네. 성경입니다."
"성경이라고요? 성경은 우리 학교에서 가르칠 수 없습니다."
"아, 그런가요? 그럼 당장 돌아가겠습니다.
"허 참……. 그렇다면 강의시간 이후에 가르치시지요."

그렇게 해서 일본에 선진 농업기술을 전수하는 한편, 강의가 끝나면 성경말씀을 가르쳤다. 그는 마지막 고별사에서 "젊은이들이여 야망을 가져라!"는 희망의 메시지를 전달하였다.

지금도 일본의 삿포로 농과대학 교정에 세워진 클라크 박사의 동상에는 "Boys Be ambitious!"란 말이 새겨져 있다. 하나님의 말씀은 힘을 준다. 소망을 준다. 능력의 원천이 되는 것이다.

오직 여호와를 앙망하는 자는 새 힘을 얻으리니 독수리의 날개 치며 올라감 같을 것이요 달음박질하여도 곤비치 아니하겠고 걸어가도 피곤치 아니하리로다 -사 40:31-

미국의 유명한 사업가, 일명 백화점 왕으로 불리는 전설적인 인물인 존 워너메이커는 기자의 다음과 같은 질문을 받았다.
"회장님께서 지금까지 투자한 것 중에 가장 성공적이고 가치 있던 투자는 무엇이었습니까?"
그는 한 치의 망설임도 없이 이렇게 대답했다.
"제가 10살 때 2달러 75센트를 주고 투자를 한 적이 있습니다. 예쁜 가죽으로 쌓인 성경책이었지요. 이것이 제 인생에서 가장 위대한 투자, 가장 가치 있던 투자였습니다."
"성경만 사면 성공할 수 있다는 말씀이신가요?"
"아닙니다. 성경만 사서는 안 되지요. 성경말씀을 읽고 그 말씀대로 실천하며 살아야 합니다. 그렇게 하면 어느덧 성공은 내 곁에 와 있습니다."
그리스도인에게 말씀 외에는 길이 없다. 말씀은 우리의 삶을 하나님이 가장 기뻐하시는 삶으로 이끈다.
목회자의 입장에서 말씀의 강단이 개인의 감정이 드러나고 전달되는 화풀이 공간이 되지 않기를 간절히 기도한다. 또한 이 강단이 사람이 두려워 하나님의 말씀을 훼손하고 비겁하게 숨어버리는 은신처가 되지 않기를 기도한다.

성도의 입장에서는 전달된 말씀이 나의 불순종으로 인하여 훼손되지 않도록, 나의 감정과 상황 따위가 하나님의 말씀을 왜곡하여 듣게 하고 그 은혜의 질을 오염시키는 범죄를 저지르지 않기를 기도해야 한다.

엘리사의 위대함은 어디 있는가? 그는 적국의 왕 앞에서 그의 죽음을 단호히 선포하는 담대함을 갖추고 있었다. 감정이 복 바치는 가운데도 하나님 말씀을 절대로 훼손하지 아니하고 그대로 전달하였다. 사울에게 하나님의 뜻을 전하는 사무엘의 모습도 이러했다. 감정이 격해져 슬퍼하면서도 그의 버려짐을 그대로 전달하였다. 의사들은 자신의 가족들은 수술하기 참으로 어렵다고 한다. 자신의 자녀를, 아내를 살려야만 한다는 복받치는 감정으로 인해 수술을 망칠 수도 있기 때문이다. 감정의 흔들림 없이 말씀을 그대로 가감 없이 전달하고 받아들이고 그대로 실천하는 것이 능력이다.

> 너희에게 명하는 말을 너희는 가감하지 말고 내가 너희에게 명하는 너희 하나님 여호와의 명령을 지키라 -신 4:2-

고난 없이 영광도 없다

성경에 놀라운 깨어지지 않는 기록이 있다. 베드로의 설교회심 기록이다. 성령강림절 설교에서는 삼천 명이 넘는 사람이 세례를 받고 회개했다. 솔로몬 행각에서 행한 설교에서도 회개한 자가 장정만 오천 명이나 되었다. 이들 숫자만 합치면 8천 명이다. 성경에 남자만 숫자로 개수한 것을 고려한다면 아내와 자녀들 포함시키면, 그 옛날 예루살렘교회는 최소한 2만 명 이상이 모이는 초대형 교회였다. 그것도 베드로의 설교 두 번에 놀라운 역사가 일어난 것이다. 이것보다 더 드라마틱한 사건은 없을 것이다. 마포 신수동성결교회 조두만 목사님께서는 생전에 "베드로는 한번 설교하여 삼천 명, 오천 명이 회개했는데, 우리는 삼천 번, 오천 번 설교해도 한 명도 회개하지 않으니 참으로 기적이 아닐 수 없습니다." 설교자의 영성에 경종을 울리는 말씀이 아닐 수 없다. 그런데, 정말로 주목해야 할 사실이 있다. 성경은 뿌린 대로 거둔다는 영적인 원리가 있다. 반드시 무엇을 심든지 뿌린 대로 거두는 것이다.

스스로 속이지 말라. 하나님은 업신여김을 받지 아니하시나니 사람이 무엇을 심든지 그대로 거두리라 -갈라디아서 6:7-

눈물을 흘리며 씨를 뿌리는 자는 기쁨으로 거두리로다 -시편 126:5-

베드로가 열매를 거둔 이유는 누군가 뿌렸기 때문이다. 씨앗을 뿌린 분이 바로 예수님이셨다. 3년 반이 넘는 시간을 예루살렘과 온 유대를 여러 번 반복적으로 다니시며 말씀을 가르치시고 전하시고, 병자를 고쳐 주셨기에 많은 사람들이 베드로의 설교에 결신을 하게 된 것이다.

"노 크로스 노 크라운(No cross No crown)" 십자가 없이는 영광이 없다는 뜻이다. 부활이 있는 것은 고난이 있었기 때문이다. 예수님의 고난은 바로 부활이 전주곡이요. 예수님의 부활은 바로 고난에서 시작된 것이다. 고난을 통해 부활이 찾아오는 당연한 신앙의 법칙을 따라야 한다. 우리는 고난은 외면하고 부활의 행복과 즐거움만 누리려고 하면 안 될 것이다.

오늘날 신앙의 위기는 바로 고난 없는 부활만을 사모한다는 것이다. 그 누구하나 십자가는 지려하지 않는다. 부활의 영광만 달라고 한다. 이러니 교회가 무기력하고 하나님의 역사가 일어나지 않는 것이다. 예수님이 고난 받아 부활의 소망을 주셨듯 우리도 우리의 십자가와 신앙의 고난을 감수하고 받아들여야 한다. 그러나 우리는 심지 않은 열매를 거두려하고, 희생 없이 유익만 누리려 한다. 믿음의 선배들의 기도의 눈물, 헌신의 땀방울, 희생의 피로 한국교회는 기적 같은 부흥의 시대를 누렸다.

이제 그 선배들의 열매를 다 따먹은 한국교회가 침체의 기로에 들어섰다. 모두들 부흥을 외치고, 회복을 부르짖고, 기적 같은 하나님의 역사가 다시 일어나길 사모하지만 희생하려는 교회가 많지 않다. 땀 흘려 씨앗을 뿌리는 자가 없다. 거름을 주는 자가 없다. 심으려하는 자가 턱없이 부족하다. 도시건 시골이건, 대형교회건 소형교회건, 목사건 성도건 간에 심으려 희생하려 달려들지 않는다. 그저 열매에만 관심 있다. 뭐, 좀 쉽게, 간단하게, 편하게, 열매를 거두려고 눈이 새빨개져 있다. 다시 한 번 말하지만 그런 건 없다. 공부에만 왕도가 없는 게 아니다. 하나님의 사역에도 왕도가 없다. 하나님께서 주신 말씀이다. 이제 심어야하는 파종의 봄이다. 우리 교회가 먼저 심길 원한다. 땀 흘리길 원한다. 나부터 아무도 하려들지 않는 이 편안하고 안락한 시대에 희생을 각오해야 한다. 바로 당신이 희생하길 하나님께서는 원하신다. 희생하려 하지 않고 조금도 손해보려하지 않고 오히려 신앙 가운데 내 육적 필요와 유익을 챙기려 하니 문제다. 오히려 뒤에서 고춧가루처럼 찍찍 부정적인 소리나 함부로 내뱉고 살아간다. 교회에서 전도를 하자고 하면 부담스러워한다. 귀찮아한다. 싫어한다. 회식을 가거나, 좋은 데 단합대회 가자고 하면 얼씨구나 좋아하며 따라 나선다. 뭔가 잘못됐다. 크게 잘못됐다. 여전도회, 남선교회의 사명이 뭔지 아는가? 왜 그 기관을 세웠는 줄 아는가? 전도하고 선교하라고 세운 기관이다 그런데 이상하게도 전도는 하지 않고 선교는 하지 않는다. 야유회 가고, 봄, 가을 관광 가는 데 모든 회비를 사용한다. 선교는 형식상 5만원 한다. 장난하는가? 개인이 해도 5만원은 더 하겠다. 기관이 이게 뭔가? 이게 어떻게 된 일인가? 이런 교회를 하나님께서 축복하실 수 있겠는가?

뒤에서 그 사역을 위해 기도하고, 또 멀리 나가서 전하지 못하더라도 여기서 한 영혼 한 영혼 전도에 최선을 다하는 것이 그리스도인이 할 일이다. 그러나 작은 희생도 감당하려 하지 않고, 어떤 수고도 하려 들지 않는다면 하나님께서 용서치 않을 것이다. 하나님의 진노가 임할 것이다.

하나님이 지원하시고 허락지 않으시면 결단코 집회 가운데 이런 기적이 일어날 수가 없다. 하나님께서 함께 계시지 않으면 하나님의 뜻이 아니면 이런 유의 기적이 일어날 수 없다. 하나님이 함께하시고 원하심을 누가 함부로 부정하고 비판한단 말인가?

지금까지 하나님이 원하셔서 이 시골에서 10년 동안 강대상만, 기도의 자리만, 서재만 지키며 모든 인고의 세월을 지켜냈다.

그런데 이제는 나가서 하나님의 말씀을 전하라고 말씀하신다. 이제 하나님이 원하셔서 나가서 외치는 것이다. 이게 우연히 이뤄진 일인 것 같은가? 개척의 때부터 하나님이 계획하시고 기도와 말씀으로 준비시키신 일이다.

좋은 자리 인간적 계산으로 떠나는 것도 아니고, 오히려 울며 매달려 이 자리를 지킨다. 때로는 대단한 대형교회 집회 마다하고 작은 컨테이너 교회 찾아가 순종하여 말씀을 증거하고 있다.

주님 명령하시며 먼저 가라 하시는 곳으로 간다. 그런데 가끔 집회 사역을 반대하고 불평하는 소리를 들을 때는 화가 난다. 한국교회를 살리는 일에 동참하고 적극적으로 후원하지 못할망정 작고 사사로운 부족함과 모자람을 트집 잡아 교회를 흔드는 일은 결코 용납할 수 없다. 백성들에게 불평과 원망으로 번지게 해 모두 함께 망하게 한 출애굽 당시 섞여 온 잡족처럼 신의 부정적 성향을 전체 성도들의 뜻처럼 확산시키고 전염시키려 하지 말라!

"희생은 싫고 유익은 좋고…."

이런 도둑놈 심보를 버리는 것이 바로 건강한 신앙의 출발이다.

우리 교회가 한국교회의 희망이 되고 작은 교회를 일으키는 소망이 되니 남에게도 유익이지만 우리에게도 얼마나 큰 유익인가? 교회가 몰라보게 부흥하고 있다. 많은 이들이 이제 울산 온양순복음교회 이름만 들어도 인정하는 설명이 필요 없는 교회가 되었다. 수많은 인적 네트워크로 교단을 뛰어넘는 협력과 도움을 주고받을 수 있게 되었다.

우리 교회와 내 사역을 중심으로 물맷돌선교회가 생겨나고 함께 여름성경학교, 청소년청년집회, 해외선교까지 혼자서 하기 힘든 사역들을 연합하여 이뤄내고 있다.

지난날 시골교회 개척교회의 지긋지긋한 패배의식은 사라지고 열등감은 깨끗이 씻기고

우리에겐 어느새 자긍심이 생겼다. 이런 유익은 거저 오지 않았다.

희생할 때

누군가 헌신하고 싶을 때 누릴 수 있는 것이다.

신앙만 이런 공식과 법칙이 통용되지 않는 것이 아니다. 우리 삶에도 고난과 고통을 이겨내야 영광과 축복이 우리의 현실이 되는 것이 진리이다.

No sweat No sweet.
땀방울 없이 달콤함도 없는 법입니다.
Big scar into Big star.
커다란 상처일수록 큰 별이 됩니다.

참으로 와 닿는 외국 시 구절이다. 오늘의 고통과 아픔의 시간을 외면한 채, 오늘의 희생과 눈물은 거절한 채, 달콤한 미래의 핑크빛 환상에만 취해 있고 관심 있는 우리 자녀들과 성도들은 이제 이 말씀 통해 정신 차리기를 축복한다!

꿈꾸는 미래에 합당한 땀방울이 있는지 점검하는 의미 있는 날들이 되기를 소망한다. 외치는 비전에 합당한 헌신과 희생이 있는 삶인지를 확인하기를 바란다.

주신 사명과 주시려는 임직에 어울리는 순종과 충성, 드림의 몸부림이 있는지 정직하게 살피고 회개하는 변화의 말씀되길 축복한다.

"이 당연한 법칙과 질서가 통하는 교회를 만들어 나가라는 하나님의 명령에 순종하겠습니다!" 고백하며 함께 나아가자!

나는 죽고 주는 살고

엘리사는 전대미문(前代未聞)의 기적과 말씀을 선포했던 어찌 보면 엘리야보다도 갑절의 영감과 능력으로 사역을 했던 인물로, 예수님 빼고는 신구약 전체 사역에서 가장 돋보였던 위대한 사역자였다. 그러던 어느 날 그도 병들어 죽게 된다. 우리는 기대한다.

"낫겠지? 설마? 하나님이 능력이 많으신데!"
"히스기야도 죽을병에 걸렸다가 기도해서 15년 더 살았는데!"

수없이 찾아온 위기와 아픈 문제와 고통들을 해결하며 몸부림치던 엘리사에게 드디어 마지막 순간이 찾아온 것이다. 그것도 죽을병이 들어 세상을 떠나게 된 것이다.

우리 머릿속에는 돈은 많아져야 축복이고, 자식은 수능을 잘 봐서 대학교에 찰싹 붙어야 축복이고, 병들면 나아야 축복이고, 깨어진 관계는 회복되어야 축복이다.

우리의 기준은 늘 이렇다. 그러나 이제 신앙의 한 단계 업그레이드를 해야 한다. 하나님의 기준에 따라 생각하고 이해하고, 믿어지는 축복을 누려야 한다.

아니, 우리 또한 고통과 문제 속에서 허덕이고 있는 입장에서 그렇게 되길 바랐다는 것이 정직한 표현일 것이다. 그런데 우리의 기대는 보기 좋게 어긋난다.

엘리사는 화려한 목회 인생을 뒤로하고 죽음을 맞이한다.

우리는 이 모습을 어떻게 이해해야 할 것인가? 우리 삶의 위기를 신앙의 힘으로, 하나님을 신뢰하고 의지함으로, 절대긍정의 믿음으로 해결하고 탈출해 보자고 이 말씀을 시리즈로 6개월간 진행했는데 그 끝이 허탈하다. 하지만 엘리사의 죽음이야말로 우리의 문제와 위기들을 탈출하고 극복해 나가는 우리들의 삶에 있어 가장 위대한 모델이며 멋진 결론이이기에 엘리사의 위기탈출 시리즈를 서서히 마무리하려 한다.

위기극복이 반드시 축복이 아니다!

우리의 근시안적 시각은 나의 당면한 문제가 해결되고 풀려야 축복이라 생각한다. 그런데 문제가 해결된다는 기준이 무엇인가? 바로 나의 생각, 나의 기준에 근거한 것이 아닌가?

병은 나아야 하고,
돈은 있어야 하고,
깨어진 관계는 회복되어야 하고,
나를 고통스럽게 하는 존재들은 망해야 하고….

하지만 하나님의 기준에서도 과연 그것이 성공일까? 나에게 유익이며 축복일까? 삼층 천에까지 올라갔다 왔던 사도바울에게는 육체의 가시가 있었다. 매일 찌르는, 육체의 고통이 있었다. 어떤 사람은 그것은 간질이었다고도 하고, 안질이었다고도 한다. 그 질병이 무엇인지 정확하게 기록되어 있지는 않으나 그가 세 번을 기도할 만큼 그를 괴롭히던 고질병이었음에는 분명하다.

목회를 하면 문제를 안고 있는 성도들이 많다. 새벽 1시, 2시에도 전화가 온다. 새벽예배 인도해야 하는데 2시에 전화가 와서 나를 깨운다. 처음엔 전화 코드를 뽑았다. 12시에 전화를 받고 나서 아내에게 말했다.

"여보, 전화기 코드 뽑아요!"

그렇게 누워서 자려고 하면 잠이 안 온다. 양을 백 마리 세도 잠이 안 온다.

'오죽하면 새벽에 전화를 다하겠는가?'

그 생각이 들면 코드를 내손으로 꼽고 잔다. 잠들만 하면 새벽 2시에 전화가 온다. 계속 문제가 이어진다.

'난 맘 편히 잠도 못 자나? 하나님, 이렇게 살아야 되나요?'

하지만 돌이켜 보면 하나님께서 내게 주신 은혜가 너무 크다! 때론 하나님께 간구해도 해결되지 않는 문제가 있다. 시간이 지나도 약한 것이 해결되지 않고 능욕과 궁핍, 박해와 곤고가 있다. 이것이 바로 나를 찌르는 가시다.

세계적인 가수 훌리오 이글레시아스가 있다. 우리나라에도 꽤 유명한 가수인데 전직은 축구선수였다. 스페인의 레알마드리드 2군 팀 주전 골키퍼로 맹활약하며 축구선수로서 명성을 쌓아가던 전도유망한 젊은이였다. 1군 팀에 올라가서 세계적인 무대에서 뛸 것만을 바라보면서 하루하루를 살았다. 그러나 19세 때 큰 자동차사고를 당했다. 의사는 청천벽력 같은 말을 했다.

"하반신 마비가 올 겁니다. 어쩌면 영영 걷지 못하게 될 수도 있습니다."

"제가? 영원히 걸을 수 없게 된다고요?"

그는 이 사실을 받아들일 수 없었다. 1년 반 동안 치열한 치료를 받으며 머릿속에는 항상 '화려한 재기, 드라마 같은 그라운드 복귀!'를 꿈꾸며 열심히 재활치료를 했다. 그러나 일상생활로의 복귀는 가능했지만 선수생명은 끝났다는 사형선고를 받게 된다. 병상에서 간호사가 선물한 기타가 그에게는 유일한 위안이 되었다. 그는 서러움과 슬픔을 잊기 위해 노래를 불렀다. 주변의 사람들은 그의 감미로운 목소리에 감탄하기 시작했다. 퇴원 후 노래 경연대회에 출전하여 최고의 가수로 일약 발돋움하게 되었다.

우리는 때로는 정말 열심히 기도하고 죽도록 노력했든 데도 끝까지 해결되지 않는 문제들이 있다.

고난의 정점에 있다고 생각될 때에 이로 인해 분노하거나 실망하지 말라!

그 대신 그 실패와 여전한 고통에 담긴 하나님의 뜻을 발견하게 해 달라고 기도하라!
당신이 약할 그 때가 가장 강한 때일 수도 있으리라!
당신이 고통스러운 그 때가 가장 행복한 축복의 순간일 수도 있으리라!

죽어야 이뤄지는 하나님의 뜻도 있다

엘리사의 죽음은 위대하며, 심지어 아름답기까지 하다! 그는 죽어가면서도 백성과 지도자에게 꿈을 선물해 주고 떠난다! 마지막 그의 예언은 '아람군대를 무찌를 것'이었다. 또한 훗날 그의 무덤에 죽은 자의 시체를 던지자 그 시체가 살아나는 기적이 일어난다. 이것이 바로 엘리사 사역의 마지막 기적인 셈이다!

죽으면서까지도 누군가에게 희망이 되고, 누군가를 살리는 삶,

이것이 바로 그리스도인들의 삶이 되어야 하지 않을까?

나의 계속되는 아픔과 고통을 통해 누군가 꿈을 꾸게 되고, 죽은 자가 살아나는, 침체된 시대가 개혁되고 깨어나는 하나님의 역사가 일어나는 것이다.

작은 교회 살리기 집회의 힘겨운 영적 전쟁이 계속되고 있다. 감당할 수 없는 무게, 여기저기서 "목사님, 제발 우리 교회로 와 주세요!", "꼭 와 주세요!", ""희망을 주세요!" 외치는 소리가 들린다. 이런 가운데서 때로는 이런 생각이 들 때가 있다.

'아, 내가 왜 작은 교회 살리기 부흥운동을 시작했을까? 이제 개척의 어려움을 딛고 안정적인 교회가 되었는데, 가만히 있어도 풍족하게, 편안하게 살 수 있는데, 적당히만 해도 존경받고 살 수 있는데, 내가 이 짓을 왜 시작했을까?'

그러나 내가 편하면, 작은 교회들이 힘들어진다. 내가 군림하며 누리면 작은 교회들이 핍절하게 된다. 그러나 내가 죽으면 작은 교회들이 살아난다! 할렐루야! 이젠 나 혼자 사역을 감당할 수 있는 육체적, 정신적, 물리적인 임계점을 넘었다. 나를 초청해 주는 교회가 너무 많다. 큰 교회만 골라서 갈 수도 있다. 큰 교회를 가면 대접이 다르다. 회중들도 얼마나 많은지 집회인도하기가 너무 수월하다. 그러나 내 사명은 작은 교회를 살리는 것이다. 한국교회에 희망의 불씨가 되는 것이다. 작은 교회에 가야 하는 것이다. 교회의 규모, 크기를 가리지 않고 간다. 작은 교회라면 더욱 기를 쓰고 간다. 내 사명이기 때문이다.

어느 날 간디가 기차를 타기 위해 플랫폼에 왔다. 그러나 기차가 이미 떠나고 있었다. 급히 오르다 보니 신발 한 짝이 열차 밖으로 떨어졌다. 기차의 속도가 붙어 신발을 찾을 수가 없었다. 간디는 신고 있던 한쪽 신발을 벗어 열차 밖으로 던졌다. 사람들은 놀라서 물었다.

"아니 왜, 신발 한 짝마저 밖에 던져 버리십니까?"

"이미 신발 한쪽은 의미가 없습니다. 누군가가 버려진 신발 한쪽으론 아무것도 할 수 없습니다. 하지만 나머지 신발 한쪽을 마저 찾는다면 누군가에게 필요한 신발이 될 것입니다."

그렇다. 버리는 것이 유익을 주는 것이다. 하나님의 뜻을 위해 기꺼이 버릴 수 있어야 한다. 하나님의 섭리, 하나님의 유익을 위해 나의 신발 한 짝마저 버려야 한다. 내가 죽어야 하나님의 뜻이 이루어진다. 꼭 나의 문제가 해결되어야 하나님의 뜻이 아니다. 나의 가시가 하나님의 교회를 살린다. 하나님께 영광을 돌린다.

나도 사람이다. 모든 걸 놓고 싶을 때가 있다.

집회 갔던 교회들에서 부흥의 소식들이 이어진다.

"목사님이 오셔서 우리 교회가 100명이 된다고 했을 때 저는 속으로 웃었습니다. 하지만 이제 100명이 다 되어 갑니다. 목사님, 감사합니다."

"이번 주에 드디어 교회당이 가득 찼습니다."

이 문자들을 받고 눈물이 쏟아졌다. 전에는 "하나님, 완벽하게 사역하게 해 주세요." "편하게 사역하게 해 주세요." 하고 기도했다. 고난 없는 평탄한 삶을 위해 기도했다. 하지만 기도가 이젠 바뀌었다.

"하나님 끝까지 가게 해 주세요.
부족해도 좋고, 모자라도 좋습니다.
괴로워도 좋고, 내게 유익이 없어도 좋습니다.
내가 죽고 다른 사람이 살수 있다면 끝까지 가고 싶습니다."

부흥사로 평생을 섬기신 존경하는 김병호 목사님의 성역30주년 집회를 인도했다.
집회 끝나고 이제 막 부흥사 사역을 시작하는 풋내기의 고민과 고충들을 목사님께 털어놓자
목사님께서는 이렇게 말씀 하셨다.

"부흥사는 마지막 날까지 항상 이러한 아픔을 가지고 살아야 해. 밖에 나가서는 혼신의 힘을 쏟고, 교회로 돌아와서는 항상 미안한 마음을 안고 살아야 해."

내가 죽어 누군가 살 수 있다면, 그 길을 가야 하지 않겠는가! 내가 결코 사역을 멈출 수 없는 이유다. 온누리교회 하용조 목사님은 세상을 떠나는 순간까지 달리고 또 달렸다. 간암으로 여러 번의 수술을 받

았고, 당뇨로 평생을 투약했으며 매주 두 번씩 망가진 신장으로 인해 투석을 하면서도 사역을 결코 멈추지 않았다. 죽음과 매일 싸우면서도 사역을 계속했다. 하 목사님의 절친 이동원 목사님은 그분의 장례식에서 이렇게 말씀하셨다.

"하나님께서 그를 멈추게 하셨습니다."

쉬라고 이제 영원한 안식을 가지라고 말씀하신 것이다. 미국의 대각성 부흥운동을 이끌었던 조지 휫필드는 "닳아 없어질지언정, 결코 녹슬어 사라지지는 않으리라!"고 외쳤다.

그리스도인은 불리한 상황, 고난의 상황을 결코 멈추지 않고 뚫고 나가야 한다.

나의 문제와 고통은 여전한데 그걸 통하여 어떤 이의 희망이 될 수 있다면, 그것은 나에게는 실패처럼 보이나 하나님은 나의 실패를 통하여 누군가에게 기적 같은 소망을, 선물하실 계획을 가지셨음을 알아야 한다.

하나님께서는 누구에게나 기회를 준다. 너무 쉽게 기회를 주니 직분이나 사역의 기회를 너무 싸구려로 여기고 값없이 여기며 불순종하는 일이 잦다! 교회가 점점 커지다 보니 소위 간보기 신자들도 많이 찾아온다. 철새 신자들도 많이 온다. 이런 사람들은 쉽게 왔다가 상처만 주고는 쉽게 떠나간다. 하지만 교회 공동체를 떠나는 자들에게 저주하지 않고 축복해주며 보낸다. 이들의 허물을 공개하지 않고 허다

한 죄를 덮어 주니 그걸 믿고 막 대하고 우습게 여긴다. 언제까지 이 짓거리를 감당해야 할까? 한숨만 나오다가 그래도 그렇게 해서 살아난 한 사람이 있다면, 나는 또 그런 한 사람을 세우기 위해 또 99명에게 상처받기로 각오를 했다.

18살 난 페리 폭스(Terry Fox)란 소년이 골육종이란 암이 걸렸다. 암의 전이를 막기 위해 오른쪽 발을 절단했다. 갑자기 누워서 고통 중에 있을 때에 자신이 뭔가 해야겠다는 생각이 들었다.

1980년 4월 12일부터 캐나다 동부 끝에서부터 달리기 시작했다. 캐나다 6개 주를 모두 통과하며 143일 동안 의족을 한쪽 다리에 차고 5374km를 달렸다. 거의 매일 마라톤 풀코스를 달린 셈이다. 그러나 안타깝게도 암이 폐에 전이되었다. 그는 그렇게 6개월 만에 세상을 떠났다. 그러나 그때 암 치료를 위해 모금 된 돈이 2417만 달러였다. 당시 우리 돈으로 300억 원의 기금이 모였다. 이 돈은 이후에 암연구기금과 치료를 위해 사용되고 있으며, 전 세계 55개국에서 매년 9월 페리 폭스 희망 달리기란 행사를 열고, 암으로 고통받는 자들을 돕고 있다.

인간적으로 볼 때 페리 폭스는 실패했다. 그는 절망적인 병이 걸렸으며, 이기려고 애썼지만, 이겨 내지 못한 채 고통 속에 숨졌다. 그러나 그가 실패했는가? 아니다. 그는 실패한 삶이 아니었다. 하나님께서 아직까지도 당신의 고통을 남겨 두신 이유를 알겠는가? 몸부림쳐도, 다른 사람들이 손가락질하는, 다른 사람들은 전혀 이해할 수도, 알 수도 없는 고통을 아는가? 그것을 통해 하나님께서 영광을 받으시기 위함이다.

이렇듯 나의 고통과 죽음이 나에게 유익이, 또 다른 이들에게 유익이 되기도 하고, 또 하나님의 뜻을 이루는 주님의 역사가 시작되는 귀한 시간이 되기도 한다는 것을 잊지 말라! 오늘 우리의 실패와 이루어지지 않은 꿈과 응답되지 않은 기도에 대해 실망하지 말라! 기뻐하라! 소망을 가지라!

예수님의 고난이 바로 가장 좋은 예이다. 십자가 위에서 그는 너무나 고요했고 무기력해보였다. 공생애 기간에 그 많은 기적을 보였던 자라고 하기엔 너무나도 초라한 죽음이다! 하지만 그는 죽으셔야 했다.

"너를 먼저 구원해라!"

"십자가에서 내려오면 우리가 믿겠다."

그러나 십자가에 죽으셔야 했다. 그래야 온 인류가 사는 것이다! 우리도 나의 삶의 안위만 생각하며 주님의 뜻은 외면하며, 하나님의 유익은 아랑곳하지 않고 나의 유익과 실속만 차리려는 신앙을 버리고 이제 사도바울처럼 나는 날마다 죽노라! 고백할 수 있었으면 좋겠다.

"내가 죽음으로 하나님의 뜻이 살아나고 하나님의 목적이 성취되고, 하나님의 교회가 든든히 세워 질 수 있다면 나는 오늘도 나의 뜻과 생각과 물질과 성격 인격 따위의 기질들마저 나의 이념적 성향과 인간적 관계와 감정들마저 포기할 수 있습니다."

이렇게 용기 있게 그리고 진실되게 고백할 수 있어야 한다!

교계의 분열과 교단의 분열도 몇몇 사람이 죽지 못해 벌어지는 참극이다. 교회의 분열과 아픔도 단 몇 사람의 탐심과 자기주장에서 비롯된다. 자신의 몇천만 원 유익을 위해 수조원가치의 국가적 첨단 기술을 빼돌리는 산업스파이 짓도, 주님의 뜻이야 교회야 어찌되든 말든 나의 유익만을 챙기려는 못된 습성들이 뿌리 뽑히지 않는 한 교회는 세워져 갈 수 없다.

이제 엘리사 위기탈출 시리즈는 대단원의 막을 내린다. 엘리사의 삶은 죽음으로 끝난다. 인간적으로 볼 때 결코 영광스러움이 아니었다. 단순히 병에 걸려 그의 사명을 다 마친 후 그는 떠난다. 사람들은 휘황찬란한 일만 하려 든다. 그러나 고난의 잔은 마다한다. 도리어 고난을 받아들고, 고난을 통해 섭리하시고 말씀하시는 하나님의 뜻에 순종할 때 우리 삶의 궁극적인 변화, 신앙의 수준이 한 단계 업그레이드되는 것이다.

해결되지 못하는 궁극적인 문제, 고난, 조롱, 비난이 있는가? 지금이 손해 볼 때이며, 지금이 참을 때이다. 지금이 죽을 때이다. 하나님께서는 '성도의 죽는 것을 여호와께서 귀중히 보시는도다' (시편 116:15) 하고 말씀하신다. 어쩌면 지금 이순간이 마지막 신앙의 단계일지도 모른다. 그동안 계속해서 교회를 옮겨 다니고, 원망을 하고, 불평했던 이유도 이 때문인지도 모른다. 하나님의 은혜에 들어가자, 그와 함께 죽고, 그로 더불어 살자!

> 내가 그리스도와 함께 십자가에 못 박혔나니 그런즉 이제는 내가 사는 것이 아니요 오직 내 안에 그리스도께서 사시는 것이라 이제 내가 육체 가운데 사는 것은 나를 사랑하사 나를 위하여 자기 자신을 버리신 하나님의 아들을 믿는 믿음 안에서 사는 것이라 -갈라디아서 2:20-